市场营销专业教学改革成果
创新教材

渠道管理实训

Qudao Guanli Shixun

李越　主编

东北财经大学出版社
Dongbei University of Finance & Economics Press
大连

图书在版编目（CIP）数据

渠道管理实训 / 李越主编 . —大连 ：东北财经大学出版社，2016.12
（市场营销专业教学改革成果创新教材）
ISBN 978-7-5654-2571-4

Ⅰ.渠…　Ⅱ.李…　Ⅲ.购销渠道–销售管理–教材　Ⅳ.F713.1

中国版本图书馆CIP数据核字（2016）第282910号

东北财经大学出版社出版
(大连市黑石礁尖山街217号　邮政编码　116025)
网　　址：http：//www.dufep.cn
读者信箱：dufep@dufe.edu.cn

大连永盛印业有限公司印刷　　东北财经大学出版社发行

幅面尺寸：148mm×210mm　字数：122千字　印张：6.5　插页：1
2016年12月第1版　　2016年12月第1次印刷

责任编辑：张旭凤　魏　巍　　责任校对：思　齐
封面设计：冀贵收　　版式设计：钟福建

定价：20.00元

教学支持　售后服务　　联系电话：（0411）84710309

如有印装质量问题，请联系营销部：（0411）84710711

《教育部关于以就业为导向深化高等职业教育改革的若干意见》中清晰、准确地提出了高等职业教育的培养目标，即高等职业教育应以服务为宗旨，以就业为导向……坚持培养面向生产、建设、管理、服务第一线需要的“下得去、留得住、用得上”，实践能力强、具有良好职业道德的高技能人才。高技能人才职业能力的培养离不开实践教学环节，而实践教学环节包括校内实训和校外实践两个部分。市场营销专业是一个操作性、实践性都很强的专业，实践能力在市场营销专业学生的整体素质中居于非常重要的地位，是学生综合职业能力的重要组成部分。因此，如何有效开展市场营销专业校内实训是每一个高职院校市场营销专业必须面对和解决好的问题。

在现代市场经济条件下，不仅企业存在市场营销活动，而且社会、政治、法律、文化等领域中的非营利性组织和团体也要开展营销活动，市场营销的应用领域事实上已经超出了经济活动的范围，并且越来越受到人们的重视。在职业教育院校，如何切实提高学生的营销技能，使学生具备较强的实际操作能力，是市场营销专业建设的关键之一。

为此，学校如果能够与行业企业紧密合作，以工作过程为线索，根据市场营销实际工作岗位的工作任务和任职要求，参照相关的职业资格标准，编写市场营销实训系列教材，并将其作为市场营销理论的配套教材，势必会对市场营销专业学生实际操作能力的培养有一定的帮助。

在这方面，许多高职院校及骨干教师勇于探索、不断创新，取得了令人欣慰的成果。"市场营销专业教学改革成果创新教材"即是其中之一。

山西省财政税务专科学校是全国首批28所国家示范性高职高专院校之一，其市场营销专业作为教育部高职高专教育专业教学改革试点、国家高职高专示范院校建设中央财政支持重点建设专业，10多年来大胆探索与创新，取得了多项国家级、省级的教学成果。

这套"市场营销专业教学改革成果创新教材"正是在这样的专业发展背景下产生的，其特色与创新体现在：首先，这是职业教育市场营销专业骨干教师持续教学改革与探索的沉淀。编者在充分调研企业工作岗位实践需要的基础上，进行了大胆改革创新，并在实际教学中逐渐完善，在以财经教育专业出版享誉行业的东北财经大学出版社的配合下，形成了独具特色的市场营销专业实训系列教材。其次，教材的呈现形式有所创新，工作任务操作具有仿真效果，属于开先河之举。这套教材根据高等职业教育改革的要求，以职业岗位活动为导向，以仿真工作项目为载体，实现了课堂教学与工作岗位任务的零距离结合。

虽说这套教材是尝试性的创举，但是其凝结了编者多年的教学心血，是智慧的结晶，所以我期待这套“市场营销专业教学改革成果创新教材”能够得到广大同仁的认同与推广，能够在职业教育培养符合社会和时代需要的市场营销高技能人才中发挥一定的作用。

徐仅文

2016年6月

前 言

从市场营销这一专业的课程体系中可以看出，“渠道管理”是一门比较抽象又距离学生日常生活较远的课程。那么，如何让学生对这门课产生兴趣并把理论和实际结合在一起呢？我认为，还是要让学生成为课堂的主体，让学生主动思考，教师负责引导、纠正。只有亲身体验过，才会印象深刻，学生学习知识的过程也是如此。所以，学习《渠道管理实训》这本书对于提高学生对渠道的认知是非常有必要的。

秉承“理实一体化”的教学理念，本书内容结构的安排是按照实际工作流程进行的。在实际工作岗位中，对于一名渠道经理而言，他的首要任务是开发和建立渠道，然后才是对渠道进行管理。本书也是沿着这样一种思路，从布局渠道结构开始，然后选择渠道中的成员，在渠道扁平化的发展趋势下，每个企业或组织越来越关注终端的表现，对渠道终端的开发与管理也就成了重点。到了这个阶段，渠道基本就运行起来了，但是怎样才能运行得更好呢？这时就要激发渠道成员的积极性，即对渠道成员进行管理；同时，还要依据一些指标对渠道进行评估，依据评估结果再对渠道进行调整。这就是整个实训的过程。

在编写本书的过程中，一种想把自己对渠道的理解、感悟记录下来的毅力，使我能够认真、静心地思考、总结。特别感谢王方教授对我的指导，感谢学院各位领导对我的支持和鼓励，感谢家人对我工作的体谅和配合。我也越来越深刻地体悟到，做好一件事情需要很多人的支持。

作为一名专业老师，我有很多方面需要提高，也有很多问题需要向前辈请教。对于书中的不恰当之处，恳请各位同仁提出宝贵意见。

李 越

2016年9月

目　录

渠道管理实训概述

一、渠道管理实训思路简介

企业生产出的商品，只有通过畅通的渠道，才能到达消费者手中，渠道是连接生产商与消费者的桥梁。渠道的规模与效率直接影响着产品的市场表现，渠道的规模越大、效率越高，产品销量就越好。在实际工作中，渠道管理岗位的主要职责可以分为两大类：一类是搭建渠道及开拓市场；另一类是运营与管理渠道。

秉承“理实一体化”的教学理念，以实现工学结合为目标，按照实际工作需求和工作顺序，本书的实训内容分为两个模块、五个项目。模块一是渠道开发任务，需要完成布局渠道结构和选择渠道成员两项任务；模块二是渠道运营与管理任务，首先进行渠道终端开发与管理，然后对渠道成员进行组织与管理，最后进行渠道评估与渠道创新。全书总体实训思路如图0-1所示。

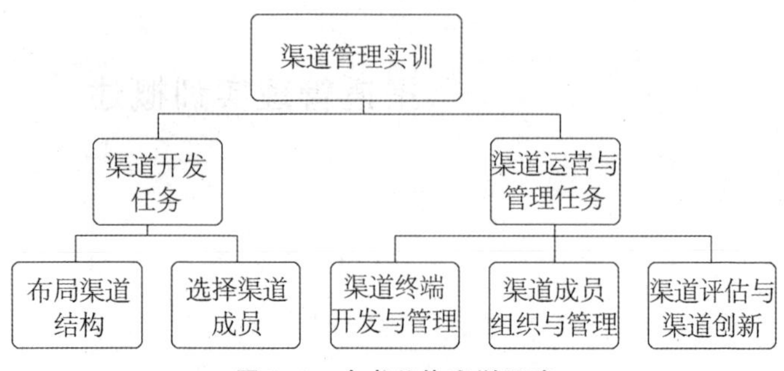

图0-1　全书总体实训思路

二、渠道管理实训的训练目标及内容

（一）训练目标

1.素质目标

（1）分析能力。能以动态的、联系的、发展的观点辩证地分析从众多渠道取得的信息资料，并且能够通过倾听及观察肢体语言，及时、准确地做出分析判断。

（2）预测能力。能及时、敏锐地察觉到市场环境的变化，并且能够对渠道管理工作及时做出调整。

（3）协调组织能力。能够协调各方面的关系，并且能够利用个人自身优点发挥团队优势，共同完成工作任务。

（4）语言表达能力。

（5）文字表达能力。

（6）职业素养。

2.知识目标

（1）掌握市场调研的基本方法。

（2）了解影响渠道结构布局的因素。

（3）掌握选择渠道成员的要素。

（4）了解选择渠道成员的策略。

（5）了解终端拜访的基本步骤。

（6）了解销售条款的基本内容。

（7）了解催收应收账款的方法。

（8）掌握渠道成员的激励方法。

（9）了解化解成员冲突的方法。

（10）掌握各类渠道评估指标的含义及意义。

（11）了解各类渠道模式的发展动态。

3.技能目标

（1）能够确立渠道战略。

（2）能够甄别渠道成员。

（3）能够有效激励渠道成员。

（4）能够有效解决利益分歧。

（5）能够有效管理渠道。

（二）训练内容

1.布局渠道结构

2.选择渠道成员

3.渠道终端开发与管理

4.渠道成员组织与管理

5.渠道评估与渠道创新

三、渠道管理实训学时安排表

渠道管理实训学时安排见表0-1。

表0-1　　　　**渠道管理实训学时安排**

实训内容	实训任务	实训学时数
实训项目一 布局渠道结构	分析影响渠道结构的因素	9学时
	探究与确定渠道结构	
实训项目二 选择渠道成员	对企业的渠道环境进行评估	9学时
	分析各种渠道模式对渠道环境的要求	
	针对不同的渠道模式选择相应的渠道成员	
实训项目三 渠道终端开发与管理	业务员拜访终端	16学时
	谈判销售条款	
	实施铺货工作	
	完成产品陈列	
	催收应收账款	
实训项目四 渠道成员组织与管理	制定渠道成员激励政策	9学时
	制定渠道成员约束政策	
	制定忠诚渠道成员培养办法	
实训项目五 渠道评估与渠道创新	构建各类渠道模式的评估体系	9学时
	通过实地考察对渠道进行评估	
	渠道调整及渠道创新探讨	
合计		52学时

四、渠道管理实训成绩考核办法

在每个实训项目中，个人最终成绩=80%×个人表现情况的成绩+20%×小组表现情况的成绩。

个人表现情况重点考核专业知识储备、知识运用能力、语言表达能力、整体职业素养、团队合作意识等方面。

小组表现情况重点考核每个环节内容填写的认真程度、案例分析讨论情况、小组整体课堂表现等方面。

五、渠道管理实训方法介绍

渠道管理实训依托实训项目，以学生为中心，以提高学生的实践能力为重心，采用以下实训方法：

在教学方面，以学生训练为主，以教师引导为辅。在每个实训项目中，首先由教师对主要的理论知识进行回顾或梳理，对容易被学生忽视的内容进行提醒；然后由学生进行分组实训；实训结束后，由教师进行点评与考核。

在课堂组织方面，学生进行分组练习。由于各个实训项目是环环相扣的，因此所有学生一旦分好组，就不宜再随意变更，以便保证练习与考核的连贯性。同时，每个小组都要注意调动本组成员的积极性，促进分工与协作，从而共同完成实训。

在能力训练方面，将训练重点放在调查市场、分析市场、回应市场以及学习市场的能力上，从而把渠道开发好、管理好。

在实践方面，由于很多实训内容都需要学生进行实践后才能完成，因此教师要鼓励学生多进行实地调查或走访，以便提高实训效果；同时，教师应在渠道发展动态或前沿信息方面，给予学生更多的指导。

模块一　渠道开发任务

实训项目一　布局渠道结构

实训项目二　选择渠道成员

实训项目一
布局渠道结构

实训任务

某企业最近研发出一款新产品（自己拟定），要求学生以小组为单位，共同对该产品的某一地区市场进行开发，完成对这一地区市场的渠道结构布局。

实训目标

1. 学会运用市场调研的一些方法和技巧。
2. 学会综合判断布局渠道结构的影响因素。
3. 学会团队合作，共同完成任务。

实训要求

1. 分组实训。每12名同学为一组，每组选出1名同学担任渠道经理。渠道经理负责对团队成员进行任务分配。建议2名同学负责一种渠道形式，共同完成该实训项目。

2. 对所负责的渠道形式进行实地调查，认真收集与记录相关资料。

3.绘制出小组最终开发出的渠道结构图。

实训操作

渠道结构的设计会受到诸多因素的影响，如产品类型、消费者的消费习惯、企业的经营能力以及竞争对手的措施等。因此，在设计渠道结构之前，必须对这些因素进行分析考察，这样才能对产品的渠道结构做出科学、合理的判断。渠道经理按照图1-1的操作步骤，对小组成员进行任务分配，每个成员都要认真填写各项资料。

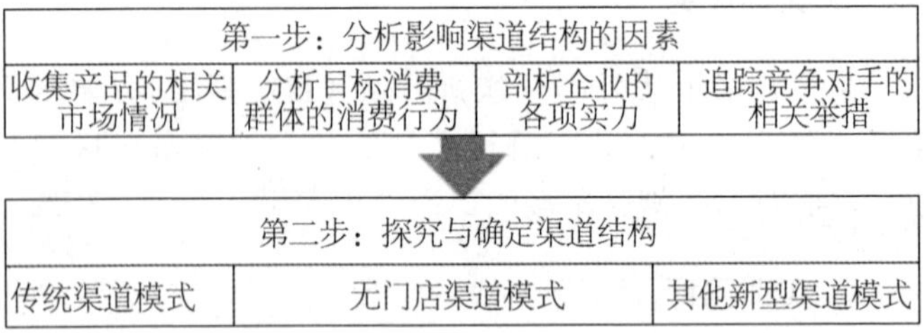

第一步：分析影响渠道结构的因素			
收集产品的相关市场情况	分析目标消费群体的消费行为	剖析企业的各项实力	追踪竞争对手的相关举措

↓

第二步：探究与确定渠道结构		
传统渠道模式	无门店渠道模式	其他新型渠道模式

图1-1 布局渠道结构操作步骤

第一步：分析影响渠道结构的因素

一、收集产品的相关市场情况

不同的产品，对渠道结构的要求也不同。因此，要确定渠道结构，首先要收集产品的相关市场情况。

（一）产品的属性及影响产品销售的因素

1.确定产品的属性（如快消品、家电产品等）

____

____

2. 分析影响产品销售的因素（产品对销售渠道的特殊要求，如易腐性等）

____

____

（二）市场情况

产品的市场容量和密度也会影响企业渠道结构的布局。对产品的市场情况进行考察，就是要对产品进行定位，确定产品的目标消费群体，进而以目标消费群体为中心对市场展开调研。请根据实际调研结果填写产品的市场情况。

1. 市场容量

（1）定位目标市场，即明确目标消费人群，列出该产品将出现在哪些终端市场。

____

____

（2）估计出各个市场目标消费者的数量，填写表1-1。

表1-1　**各个市场目标消费者的数量**

市场	目标消费者的数量
市场1（大卖场）	
市场2（便利店）	
市场3（夫妻店）	
⋮	

（3）对该地区的经济状况进行分析（可以用GDP、人均收入等指标来衡量）。

____

____

（4）分析相关产品的销售情况，参照示例填写表1–2。

表1–2　**相关产品的销售情况**

产品名称	终端市场	销售额（万元）
（例）产品1	大卖场	80

（5）描述该地区的交通状况及物流发展水平。

____

____

（6）了解该地区的市场面积。

____

____

2.市场密度

市场密度是指单位区域内购买群体的数量。请按照计算公式，测算该产品在不同市场的市场密度，并填写在表1–3中。

二、分析目标消费群体的消费行为

在未来，渠道的主要发展趋势就是便利，也就是要实

表1-3　　　　**不同市场的市场密度（%）**

市场	市场密度（目标购买人群÷市场面积×100%）
市场1	
市场2	
市场3	
⋮	

现消费者想在什么时间、什么地点买都能买得到。但是，渠道的建设是需要成本的，渠道经理如何在便利与成本之间实现平衡呢？这就需要对消费者的消费行为进行分析，从而精准地应对消费者的需求。不同的消费群体有不同的消费习惯，同学们可以采用由个别类推一般的方法，在一些有代表性的场所进行实地调查，根据该产品在市场中的实际销售情况，对消费群体进行分类描述并填写表1-4。

表1-4　　　　**目标消费群体的消费行为调查表**

目标消费群体 / 消费行为	目标消费群体1	目标消费群体2	目标消费群体3	…
消费时间				
消费地点				
消费数量				
消费频率				
消费产品组合				

三、剖析企业的各项实力

在分析了产品的属性、市场情况、消费群体的消费行为等因素后，渠道结构的理想模式基本可以确立了，但是理想的模式要真正实现，还需要结合企业的资金实力、管理能力。可以说，企业的各项实力也是渠道结构布局的制约因素。

（一）资金实力

1.确定企业对各市场的资金投入预算

____

____

2.说明企业的融资方式

（1）银行贷款情况。

____

____

（2）是否采用联销体方式（渠道成员参股方式）。

____

____

（3）员工参股情况。

____

____

（4）其他融资方式。

____

____

（二）管理能力

产品流通是渠道的基本职能之一，但是要想保持产品的快速、及时、低成本的流通，是很多企业的难题。如果在生产企业和渠道成员之间共用一套软件来管理产品的整个产、销、存环节，就可以提高整个渠道的产品流通能力。同样，对于渠道中的信息、资金等要素的流动也可以实现电子化，以提高管理效率。企业的管理能力越强，越能适应较大的渠道规模，对渠道的控制力也越强。对企业管理能力的考察可以从员工素质、制度规范、软件应用情况，以及其他补充因素等方面进行。

1. 员工素质（员工的工作经验、学历水平等）

____

____

2. 制度规范

（1）相关的内部员工管理制度。

____

____

（2）相关的外部客户管理制度。

____

____

3. 软件应用情况

（1）人力资源管理软件的应用情况。

____

____

（2）财务管理软件的应用情况。

____

____

（3）物流管理软件的应用情况。

（4）客户关系管理软件的应用情况。

（5）产销存管理软件的应用情况。

4.其他补充因素

四、追踪竞争对手的相关举措

在这个渠道为王的市场中，竞争对手的捷足先登可能会导致本企业产品市场缩小，或者对产品形成渠道壁垒。因此，要布局好企业的渠道结构，还要研究竞争对手的渠道结构，并时刻关注竞争对手的渠道动态，这样不仅有利于企业获得主动权，而且有助于企业自身渠道结构的完善。

（一）竞争对手的渠道结构

（二）竞争对手的渠道动态

五、案例学习

你的产品适合进入KA吗?

随着商业的发展，KA（关键客户，即大型零售客户，如沃尔玛）在快速消费品以及日化用品等行业占有的市场销售份额越来越大。由于KA能集中群体性的目标消费群体，因此各大品牌商都争相入驻，任何一个从事本行业的制造商都不得不规划大量的资源去支持和管理KA的销售，从而在竞争激烈的市场中取得优势，获取利润和市场份额。

虽然铺货KA被众多企业列入发展计划，但并非所有企业和产品都适合进军KA。同时，进军KA并非看似那么简单，企业还需要做很多准备工作。

你的产品是否适合进入KA

虽然KA发展迅猛，并且给零售渠道带来了强烈的冲击，但并不是所有企业、产品都适合进入KA。企业准备开拓一个KA市场时，需要事先考虑以下条件：

1.产品是否合适

消费品通常分为三大类，即奢侈品、选择性商品、日用消费品。其中，日用消费品又可细分为定期购买品、冲动购买品、急用购买品等。按照消费者的消费习惯，KA的定位及消费环境最适合布局定期购买品和冲动购买品。奢侈品一般不适合在KA进行销售，相比之下，通过品牌专卖店的形式销售更为适合。家电产品等选择性商品的销售通常会以专业连锁超市为主（如国美、苏宁等），以KA为辅。

值得一提的是，并不是所有日用消费品都适合在KA进行销售。如果产品的定位非常高端，就不适合在KA进行销售。如果产品的定位非常低端，如针对农村市场的产品，也不适合在KA进行销售。因此，最适合在KA进行销售的是那些定位于城市市场的快速日用消费品。

产品类别较多的厂家在进军KA市场前，要先在产品库里挑一挑，看看有没有适合KA卖场环境的产品。若自己的产品不适合在KA大卖场进行销售，厂家就要及时寻找其他销售渠道，以免盲目对KA进行铺货，最后竹篮打水一场空。

2.产品配送能力、资金实力能否满足KA需求

美国零售业巨头沃尔玛之所以能够发展到如此程度，主要得益于其全球配送系统。目前，国内很多大型连锁超市并没有建立自己的产品配送中心，多数产品需要厂家自己配送。

厂家在决定开发一个KA渠道时，产品配送能力也是必须考虑的事项之一。如果厂家并没有在此区域建立销售分支机构，产品配送需要靠当地的经销商解决，那就要与经销商协调好。此外，经销商与其他销售渠道之间的冲突、相互之间的信息沟通问题，要提前约定协商。

除了产品配送能力外，厂家还需要考虑自身的资金实力。目前，多数KA大卖场实行账期结算，通常一个账期为2～3个月。因此，厂家需要考虑自己能否承受这个账期的负担。虽然现有中小企业大多采取和经销商共同承担风险的方式，但是如果配送产品的量较大，还是需要有相

当强的资金实力的。

综上所述，合适的产品、有保证的配送能力、相对充裕的资金是进入KA首先需要考虑的三个条件。

进军KA前的准备工作

具备了以上三个条件后，在进军KA市场时，厂家还需要做一些准备工作。由于连锁超市大卖场点多面广、销售量大、投入也大，因此厂家事先一定要做好准备工作，不能打无准备之仗。

1. 市场调查

进行市场调查最简便、可靠的方法是，先了解一下同行业的竞品是否有进入的。如果已经有竞品进入了这个KA市场，就要调查一下竞争对手的经营状况怎么样？有哪些经验和教训？

2. 预测经营业绩和销售费用

在进军KA市场前，厂家还要对经营业绩和销售费用进行预测。很多厂家会将KA大卖场定位为大客户，实行单独核算，并派专人负责。因此，厂家需要综合自身的具体情况，考虑以下问题：

（1）每个单店预计年销售额是多少？总销售额是多少？

（2）如何定价？有多少毛利空间？

（3）进场费用（包括固定费用和可变费用，固定费用如进店费、店庆费、无条件返利等，可变费用如新品费、堆头费、DM费等）是多少？

（4）是采取直营还是经销？如果采取经销，经销商需要多少毛利空间？

（5）厂家的营销费用、经销商费用和卖场费用各是多少？毛利空间是否足够分配？

（6）进行盈亏临界点测算，单店销售额、总和销售额达到多少是盈亏临界点？

（7）是否有能力达到这样的销售额？或者达到这样的销售额需要多长时间？

（8）如果短期内会亏损，是否符合自身的长期整体发展战略？

只有在上述问题有了比较明确的答案之后，厂家才能决定是否进入。

3.是否会引起渠道冲突

一些KA卖场会对进场的产品实行低价销售，并且会定期举办降价促销等活动。因此，厂家需要考虑由此引发的与其他渠道的冲突。如果将相同的产品也提供给其他渠道，尤其是目前中国市场上传统的百货业，就极有可能引起其他零售终端的不满，导致渠道关系恶化，所以厂家需要事先做好防范。

为了防止出现以上渠道冲突，厂家可以做以下工作：

（1）对产品进行分级，即分割出一部分产品为连锁超市大卖场专供产品，这也是目前各厂家最常用的方法之一。

（2）对品牌进行分级，即新注册一个品牌，该品牌产品专供连锁超市大卖场，这对于品牌关注度不高的产品较为可行。

（3）加强与经销商的沟通和市场价格管理，但是在目前的中国市场上，厂家对零售价格控制的话语权较弱。

资料来源　周鹏．你的产品适合进入KA吗？［EB/OL］．［2015-02-26］．http：//www.shichangbu.com/article-23753-1.html.

问题：请同学们根据案例材料的提示，就本企业的产品是否适合进入KA进行具体分析。

____

____

第二步：探究与确定渠道结构

在完成第一步任务的基础上，小组成员会得到与渠道结构布局相关的资料。第二步重在对每种渠道模式进行可行性分析，从而选择出适合本企业产品的渠道模式，最终完成渠道结构布局。

一、传统渠道模式

（一）直营模式

1.直营模式的具体形式

____

____

2.直营模式的市场可行性分析

____

____

3.企业实力

（1）确定资金来源。

____

（2）确定管理方式。

4.竞争产品的直营模式情况

5.在直营模式下，估计企业产品的预期销售量（额）、销售利润

6.案例学习

直营连锁新模式

漂亮宝贝是河南毛绒玩具品牌的一张名片。从一个小小的精品店做起，到如今在全国拥有几百家店铺，漂亮宝贝已经逐渐走向成熟。

漂亮宝贝的总经理高嘉蔓也有过开直营连锁店的困惑，但也正是这种“困惑”，让高嘉蔓找到了一种有别于其他行业的创新模式。

做过连锁店铺的企业都会面临这样一个两难的境地：一方面，要想迅速将品牌打响，将店铺数量提升，就需要吸纳大量的加盟店，这样既能快速回收资金，又能迅速扩大店铺数量与品牌知名度；另一方面，当加盟店开到一定数量后，管理、产品质量、政策下达等方面都会出现严重的问题，从而影响消费者的体验度，对品牌的伤害较大。

而直营连锁店很好地解决了上述问题，完全由总公司把控，产品全部由总公司直接供应，总公司的政策能够迅速得到响应，但最大的问题在于投资金额较大，在资金不够充裕的情况下，发展速度较慢。

尽管漂亮宝贝拥有很高的品牌知名度，但在发展初期，公司很难拥有大量的资金投入到直营店的建设上来。“有很多有资金的客户拿着钱找我谈合作，但我真不想再以加盟店的形式出现了。”于是，漂亮宝贝走了一条完全不同的路。

这条路就是漂亮宝贝正在建设的“众筹”模式。以5家店铺为一个单元，将这一个单元打包“出售”，每一个单元150万元，最低入股比例为35%，也可以100%参股，出资方只参与分红和投资，不参与店铺的具体经营，漂亮宝贝统一进行管理、供货、宣传、装修，投资人的收益每年预计能够达到20%。

“这样的模式既要保证直营店的数量，又必须保证品牌的完整度，所以我们要求出资人不能够参与经营，但也有很多出资人根本不愿意参与经营，其更希望得到分红。”高嘉蔓说。目前，这种模式已经成功在郑州开花，实际收益率已经达到了20%，投资方和漂亮宝贝都很满意。

漂亮宝贝的品牌技术入股和投资人的资金入股，既提升了漂亮宝贝的品牌，也吸引到了充裕的资金，助推了企业的发展。

高嘉蔓说这样的灵感来自香港迪士尼的模式：由中国

香港政府投资兴建，利用迪士尼的品牌效应，实现受益均分，达到双赢的结果。

正是利用这样的新模式，漂亮宝贝能够将公司的政策很快执行到位。例如，消费者充值会员卡免费美甲的附加服务项目，在总公司决定后能够迅速在直营店中得到响应，从而收到了良好的效果。

同时，直营店还能通过线下销售时的宣传，快速将目前漂亮宝贝的购买网站推广出去，帮助公司完成既定目标。

漂亮宝贝的这种新模式尽管还处在探索阶段，但是其构思巧妙，从而很好地解决了直营店和加盟店、投资方和经营权中存在的问题。

资料来源　苗苗. 直营连锁新模式［EB/OL］.［2013-12-25］. http：//www.cmmo.cn/article-170167-1.html.

问题：请同学们思考漂亮宝贝的这一创新模式对企业直营模式的借鉴意义。

____

____

（二）加盟模式

1.加盟模式的具体形式

____

____

2.加盟模式的市场可行性分析

____

____

3.企业实力

（1）确定资金来源。

____

____

（2）确定管理方式。

____

____

4.竞争产品的加盟模式情况

____

____

5.在加盟模式下，估计企业产品的预期销售量（额）、销售利润

____

____

6.案例学习

加盟与直营之争

孰优孰劣

如果问直营和加盟哪一种模式更好，其实并没有一个准确的答案。目前，在连锁领域，共有三种经营模式，即单纯直营型、单纯加盟型、“直营+加盟”型，而在这三种经营模式中，均有成功的案例。因此，对企业经营者来说，没有最好的模式，只有最合适的模式。下文将对优秀的企业进行标杆研究，旨在找出值得企业借鉴的地方。

只做直营的好利来

成立于1994年的好利来是国内烘焙行业的领军人

物，在全国各地共有上千家门店，全为直营连锁。好利来为什么选择全部直营？——基于食品安全的考虑。烘焙行业属于食品行业，食品行业最关注的就是食品安全。如果采用加盟的方式，由于品牌商和加盟商的利益诉求不同，前者追求的是品牌的长期利益，后者则更看重短期利益，因此在利益的驱动下，好利来公司不能保证对加盟商100%的监控和管理，出现食品安全事件的概率也将增加。为了保证万无一失，好利来选择只做直营，而好利来的直营店又是怎么做的呢？

（1）统一原料采购、原料配送。

（2）聘请第三方机构对供应商进行评估，实时更新供应商。

（3）完整的品控体系和监管系统：所有门店配备统一的作业手册，每年进行两次品控审核。

（4）聘请第三方机构对门店进行神秘拜访，考核店面的产品与服务质量。

钟爱加盟的迪士尼

米老鼠、唐老鸭等卡通形象深入人心，这得归功于迪士尼的加盟模式。制造商负责卡通人物形象的设计、生产，将卡通人物融合到品牌形象中，对自己经营的分销渠道和零售网点全权拥有并负责运营；迪士尼则进行统一的形象管理和产品宣传，收取授权金和销售提成。目前，迪士尼的卡通形象已经深入服饰、玩具、家居装饰、图书、食品饮料、文具、电子产品以及动画艺术等领域，在中国超过25个城市拥有线下零售渠道，零售点超过5 000家。

迪士尼的加盟模式为什么能够成功呢？——对加盟商的严格管控。

（1）加盟门槛：①授权金200万～500万元不等。②在制造、经销或零售方面具有5年以上经验。③在相关产品方面具有5年以上行业经验。

（2）品质管控：①产品设计阶段负责审核。②产品出厂之前接受迪士尼的特别检查，保证出厂质量。③接受迪士尼的品牌管理。

两条腿走路的七匹狼

七匹狼成立于1990年，主营男装，采用“直营+加盟”的渠道模式。近年来，公司的经营业绩不断上升。公司年报数据显示，2007—2011年，公司营业收入分别为8.76亿元、16.53亿元、19.87亿元、21.98亿元、29.2亿元。公司2012年半年报数据显示，截至2012年6月，七匹狼共有渠道终端3 981家，其中，直营店534家，占比为13%，以加盟店为主。

从以上案例我们可以看出，无论是直营店还是加盟店，品牌商要做连锁，一个必然的要求就是对全国所有门店进行统一的形象管理、品质控制和经营管理，因此品牌商必须具备管控能力。

企业如何选择

我们认为，企业选择合适的渠道模式要遵循以下三个程序：

第一，了解直营和加盟的优点和缺点。

第二，从经营层面了解直营和加盟需要达到的要求。

我们可以从两个指标来考察企业适合哪一种模式。第一个指标是企业的资源情况，包括资金能力、人才队伍、市场熟悉程度；第二个指标是企业的管控能力，包括标准化程度、对经销商的管理能力。通常，对于资源情况好、管控能力强的企业来说，两种模式都可以选择；资源情况好、管控能力稍弱的企业适合选择直营模式；资源情况差、管控能力强的企业适合选择加盟模式；资源情况差、管控能力弱的企业则需要打造“样板间”，对人才队伍进行培训，提高管控能力。

还有一个需要注意的问题是行业的属性。如果企业为食品行业，则比较适合选择直营模式，因为采用直营模式更容易控制食品原材料的采购，更容易进行店面的管理。在加盟模式下，难免会出现不配合的加盟商，俏江南的“卫生门”事件、“3·15”肯德基事件都是加盟商不配合导致的。在目前的食品行业中，一些知名品牌如海底捞、乡村基等，均采用直营模式。如果一定要选择加盟模式，则需要企业有较完善的标准化体系和较强的管控能力。

第三，根据企业战略，选择适合企业的发展模式。

如果企业战略为利润导向型，则应该采用直营模式；如果企业战略为市场扩张型，则应该采用加盟模式。如果既要利润也要市场扩张，则应该采用“直营+加盟”模式。

如何实现多方共赢

如何实现多方共赢，是在加盟模式下应重点考虑的问题。加盟商和品牌商在合作过程中，通常会出现以下两种矛盾：

（1）品牌商由于无法直接接触客户，从而脱离市场。

（2）加盟商不接受品牌商的管理，从而出现“挂羊头卖狗肉”的现状。

对此，我们给出的建议如下：

（1）增加对加盟商的培训，培养其对市场的敏感度。

（2）加盟商要定期向品牌商反馈信息，并将此作为考核内容之一。

（3）派2～3名管理人员入驻加盟店，指导店面经营，或者定期进行抽查，以考核加盟商的配合度。

资料来源 郑苏伟，高剑锋．达芙妮“渠道门”：直营VS加盟[J]．销售与市场：评论版，2012（11）．

问题：请同学们根据上述案例材料，在直营与加盟模式之间做出选择，并说明这样选择的原因。

____

____

（三）经销商模式

1.经销商模式的具体形式

确立经销商模式的具体形式，填写表1-5。

2.经销商模式的市场可行性分析

____

____

表1-5 **经销商模式**

经销商级别	负责区域	职能	上级
一级经销商			
二级经销商			
⋮			

3.企业实力

（1）确定资金来源。

____

____

（2）确定管理方式。

____

____

4.竞争产品的经销商模式情况

____

____

5.在经销商模式下，估计企业产品的预期销售量（额）、销售利润

____

____

6.案例学习

经销商未来发展的基本方向

只要某个行业存在一定的消费总量，作为中间渠道的经销商，就有生存和发展的机会。当然，这个前提是经销

商的生意模式要跟得上市场环境的变化。当前，有些经销商声称生意难做，从根本上说不是没有生意做，而是经销商自身的能力相对退化，与当前的市场环境不匹配，和同行又处于同质化的竞争状态。

面对当前，首先要考虑生存问题；着眼未来，则要考虑发展问题。说到生存，也许有的经销商认为，自己在当地的销售网络已经构建成型，客户群体很稳定，公司实力比较雄厚，行业地位也有了，难道还要考虑生存问题吗?当然，生意做得再大，也只是船大一点而已，再大的船，都有沉没的可能。

此外，只要生意还在做，赚来的钱就不一定是你的钱，只是账面财富而已。只有那些已经花掉的钱，或者生意彻底停下来之后清算出来的钱，才真正属于你。经销商一夜破产的事例并不罕见，所以，无论当前生意做得多大，你都要紧绷生存意识这根弦，时时都要有危机防范意识。

说到发展，多年来，一直有人不断宣扬经销商的没落论，表现为厂家的通路扁平化、厂家自身的直营占比提高、专业物流商的出现，乃至电商的出现等。的确，其中每一个因素都会给经销商带来巨大的冲击，但是只要经销商能够应变，生存乃至发展的空间还是有的。经销商如果固守不变，则只能死路一条。

总体而言，未来的确不需要这么多经销商。在未来5~10年，经销商“死”掉一半是完全有可能的。此外，从政府管理的角度来说，一直是“保大放小”这个方向。

谁也不想死，但中小型经销商破产速度加快已经是必然。那么，如何才能确保经销商在未来有足够的生存和发展空间呢？

市场引导能力

虽说经销商的生意是当地人做当地生意，并且经销商已经营多年，但惭愧的是，经销商自己对当地市场并没有多少引导能力，要么是厂家在主动引导，要么是被动跟随。说得再糟糕一点，经销商只是一个搬运工的角色而已。

为什么没有市场引导能力？这是因为经销商缺乏这方面的意识。经销商认为厂家应该把市场启动工作做好，终端有拉力，自己再跟进。所以，经销商极少有建立市场引导体系的，也很少有设立市场部的（即使设立了，往往也是形同虚设），对当地市场及消费者的情况没有进行深入持续的研究，没有对应的新产品推广体系，也没有专业的市场推广队伍。

对于厂家来说，在当地新开发一个配送商不难，换一个配送商也不难。不过，若经销商具备市场引导能力，能够针对下游分销、零售客户乃至消费者进行新产品推广，那么这个经销商就不是一个普通的配送商了，而是运营商。

所以，经销商要从配送商的传统模式中走出来，把自己升级为市场运营商，组建专业部门，构建对应的市场引导体系，从而具备引导当地市场消费动向及进行产品推广的能力。换个角度来说，这样的经销商既能把某个厂家的产品在当地推出来，也能把这个产品在当地“掐死”。

建立公司品牌

在品牌方面，经销商的传统认知就是把厂家及厂家产品的品牌推广出去，对自己公司的品牌打造却不怎么用心。其实，厂家的品牌也好，厂家产品的品牌也好，这些品牌的所有权都不在经销商手里。经销商将这些品牌养得再大、再好，它们都是别人家的“孩子”，它们随时都有可能被厂家收回或转租给其他经销商。

所以，经销商一定要在当地市场建立自己公司的品牌，并且使公司品牌在下游客户群体中的影响力超过厂家的品牌和厂家产品的品牌。当然，这首先要借助上游厂家的产品品牌来打造经销商自己公司的品牌，然后才能形成以经销商公司品牌为主、厂家产品品牌为辅的品牌格局。

对上游厂家的灭杀能力

“讲话要和气，但手里要有大棒。”经销商离不开与厂家的合作，但是在保持正面合作的同时，经销商也要有对厂家在当地市场的灭杀能力。上游厂家毕竟是商业机构，其首先会考虑自己的利益最大化，经销商的利益肯定是摆在次要位置的，甚至是可以牺牲的。同时，并不是所有的老板或厂家业务员都是正人君子，为了预防被厂家玩弄或抛弃的悲剧发生，经销商必须提前建立对厂家在本地市场的灭杀能力。

比如，经销商可以通过对当地社会关系的运用、渠道的掌控、市场的引导，以及同当地媒体和政府职能部门的合作、公司品牌效应的发挥、同类厂家的强化合作等措施，在短期内将某个厂家在当地市场的销售额降为零、产品品牌影响力降为负数，并且无人再敢接手。

对下游客户的管理能力

严格来说，经销商是靠下游客户吃饭的，下游客户群体是真正支撑经销商的基础，但是八成经销商对下游客户的管理是处于失控状态的。老板自己没有精力管理客户，公司没有专门的客户管理体系，客户资源往往由业务人员分散管理，从而导致客户资源被业务人员所把控和利用，这也导致了经销商公司的铺货难、动销难、结算难。

对于下游客户，经销商首先要建立以公司为主体的客户管理体系，建立客户资料，建立公司与客户之间的直接对接，包括日常沟通、信息反馈、历史遗留问题处理、客情往来、增值服务等工作。同时，将新客户开发、新产品推广及客户的常规维护等工作进行分离，在一定程度上减少业务人员与客户之间的工作内容，这也降低了业务人员自行创业或者跳槽的可能性。

在客户管理创新方面，经销商要将增值服务常态化，直至形成双线合作关系。所谓双线合作关系，就是在常规产品销售的基础线上，增加一条增值服务线。增值服务即通过技术培训、协助问题解决、成本控制、效率提升等技术辅导工作，帮助下游客户实现整体发展。通过增值服务产生的效益，有时甚至可以超过产品销售带来的效益。

在客户类型上，不再局限于传统的分销商和零售商，而是进一步往下延伸，延伸到以消费者家庭为单位，甚至以消费者个人为单位。

企业化的内部管理

公司外部的经营能力是由内部管理能力决定的，而在未来，经销商公司内部管理的发展方向一定是企业化。所谓企业化，就是半自动化，其具体表现形式为：

公司有明确的3～5年期发展规划和市场定位；组织结构清晰；岗位职责明确，并有完整的岗位说明书；各类工作都有对应的工作说明书，包含相关的方法、流程、标准；常规性工作事务都有对应的处理流程；普通事故有前期预防和事后处理预案；内、外部人员储备到位，可实现全体员工突发离职后，一个月内基本恢复正常工作；每个重要岗位都有对应的储备接替员工；整个公司内部要实现主要岗位的可控轮岗；整个公司的运营状态透明化；公司运营体系定期自检和持续升级。

同行的整合

首先，对于当地的同行，一定要形成超越式的差异化竞争格局，拉开差距。其次，可以考虑对部分同行进行整体收购或入股。最后，通过第三方物流间接整合同行。

提升与厂家的关系

大多数厂家的经销商都是数以百计的，若你只是这几百个经销商中的一个普通经销商，想必你也没有太大的出路，也很难拿到更多的资源。所以，经销商要在与厂商的关系方面有所提升和突破。

第一，务必成为每个合作厂家心中的特殊经销商，要么规模超群，要么市场操作方式先进，要么与厂家合作紧密，要么是厂家希望的运营典范……总而言之，不做普通经销商。第二，走出本地市场的区域限制，主动承接厂家在其他区域的市场，实现运营体系的整体输出，扩大自己的市场运营区域。

资料来源　潘文富. 经销商未来发展的基本方向 [J]. 销售与市场：管理版，2015（8）.

问题：通过对上述案例材料的学习，请同学们谈一谈，在当今渠道日益扁平化的市场环境下，经销商该如何求生存与发展。

____

____

二、无门店渠道模式

（一）直销模式

1.直销模式的具体形式

____

____

2.直销模式的市场可行性分析

____

____

3.企业实力

（1）确定资金来源。

____

____

（2）确定管理方式。

____

____

4.竞争产品的直销模式情况

____

____

5.在直销模式下，估计企业产品的预期销售量（额）、销售利润

____

____

6.案例学习

贝尔莱德：电视购物托起的民族品牌

短短6年时间，贝尔莱德就从一个名不见经传的外贸代工企业成长为蒸汽挂烫机行业的领头羊。6年前决定转型做自主品牌的梦想，因为与新兴的家庭电视购物渠道结缘，如今已变成现实。

2006年之前，贝尔莱德一直与国际知名企业进行OEM合作，开展贸易出口业务，其稳定、可靠的产品品质和制造能力赢得了国际品牌公司的认可。在代工的过程中，贝尔莱德的高层发现，OEM商处于产业链分工的最底层，利润率远低于品牌商，企业抗风险能力很差，没有自主品牌的企业必然受制于人。于是，贝尔莱德决定转型做自主品牌。贝尔莱德并不缺乏技术支持，长期的国际代工业务积累下来的技术、经验，加上40余人的专业工程技术团队，使得贝尔莱德有能力开发出更加实用、更加人

性化的产品。例如，仅挂烫机一个产品，贝尔莱德就拥有78项专利。

2006年，熨斗市场还被传统电熨斗所占据，蒸汽电熨斗对大多数消费者来说还是一个新鲜事物。在传统渠道，如服装道具市场，品牌效应十分明显，品牌名气大的产品，消费者就会认可，就更容易接受。贝尔莱德在当时并不具备知名度，而且挂烫机又是创新型产品，所以很难在传统渠道中推广。面对新产品，经销商的销量和利润无法得到保障，因此经销商都不愿承担新产品推广的风险。即便是愿意合作的经销商，由于此种类别的产品较少，因此感到很茫然，不知道该怎样进行客户维护。这一系列问题都导致贝尔莱德在推广自己的创新型产品的初期步履维艰。

与此同时，采用家庭电视购物模式的电视购物频道开始兴起。“在家有购物平台上，专业的营销团队可以深挖产品的卖点，加之全方位、长时段、情景式的节目呈现方式，消费者能够快速认识贝尔莱德挂烫机的优势，从而顺利完成新产品的市场推广。同时，由于电视购物‘媒体+货架’的特性，贝尔莱德可根据节目播放后的产品销量情况，快速检验该产品是否能够满足消费者的需求。另外，通过认可该产品的消费者的口碑传播，可以保证贝尔莱德品牌迅速打响，从而带动线下其他渠道的开发。”家有购物商品中心副总监耿松的深入分析以及贝尔莱德一直以来对自身产品的不断研讨，使得贝尔莱德发现自身的产品比较适合在电视购物频道销售，于是贝尔莱德开始大胆尝试这一新兴渠道。

通过电视购物获得新品认知度和品牌知名度后，贝尔莱德的渠道开发变得非常顺利。贝尔莱德不仅在商超、家用电器卖场等开发出了网点，成为全国首家将挂烫机产品从传统服装道具市场推向家用市场的企业，还开辟了电子商务、团购等新兴渠道。截至目前，贝尔莱德在国内共拥有销售网点3 000多家，覆盖了全国28个省份及地区。

通过与电视购物结缘，贝尔莱德打开了市场缺口，实现了当初转型做自主品牌的愿望。更多的出口型制造企业也可借助电视购物平台推广自己技术领先的创新型产品，打造自有品牌。

资料来源　绳娜. 贝尔莱德：电视购物托起的民族品牌［EB/OL］.［2013-08-22］. http：//www.globrand.com/2013/543361.shtml.

问题：请同学们对电视购物这种渠道模式的优缺点进行分析。

____

____

（二）电商模式

1.电商模式的具体形式

____

____

2.电商模式的市场可行性分析

____

____

3.企业实力

（1）确定资金来源。

____

____

（2）确定管理方式。

____

____

4.竞争产品的电商模式情况

____

____

5.在电商模式下，估计企业产品的预期销售量（额）、销售利润

____

____

6.案例学习

微博电商VS微信电商

2015年7月7日，由新浪微博主导的微电商峰会召开。此次会议透露，微博将联合阿里、微卖等第三方重点合作伙伴，共建以兴趣为导向的移动社交电商平台。

为了给此次全新的亮相站台，微博CEO王高飞甚至在会议上喊出了“请忘记自己是社交产品”的雷人之语，并标榜称：“微博作为移动的主要入口之一，在诞生的5年多来，在电商上的动作从严格意义上来讲只有两次半。第一次是在2013年，接受阿里投资，和淘宝实现了战略性合作。半次是在2014年年初和支付宝达成合作，我们

使用支付宝的平台作为微博支付的基础。这些其实都是为微博提供电商服务做的基础性工作。”

当然，剩下的这一次，就是正在登场的微博电商（为了避免歧义，对于当下微商的主要形态——微信朋友圈电商，以下将概括为微信电商）。新浪微博和腾讯微信的又一次较量即将展开，且以社交之名、盈利之实开场。

孰优孰劣，对比一番可能更能看出分晓。

沙龙式传播VS广场大喇叭

通常意义上，人们习惯将微博定义为“弱关系、强影响”，而微信则属于“强关系、弱影响”。理由很简单，微博是可以面向所有半熟人乃至陌生人的开放式广场，微信则是一个基本定义在朋友范围内的半封闭状态的社交圈子。

这就缔造了两者在电商发力方式上的不同。微博电商类似于有一定粉丝积淀的意见领袖在微博这个广场上，为某个产品或品牌喊话、站台，虽然辐射面极大，但真正在听的人未必很多；微信电商则是任何一个有朋友圈的用户，都可以在圈子里说道说道自己对某个产品、某个品牌的认知，由于朋友圈中的人大多价值取向趋同，因此传播到达率反而较高。

因此，从微商的角度来看，微博是“弱关系、弱影响”，微信则是“强关系、强影响”。这也决定了微商在起步阶段的效率。

高效率渗透VS渐进式培养

微博和微信在基础社交构架上的差异性，决定了在微商之中，谁更容易看到效果。毫无疑问，是微信。

口碑营销的基本模型本身就是熟人与熟人之间的推荐

和传播，而微信是所有社交网络中最强有力的朋友交流工具。因此，当有人在朋友圈里介绍某种产品不错时，因为信任，一些有此需求的熟人也会做出消费选择。而在微博上，即使说的是同样的话，哪怕是某个领域的知名人士所说，看到此信息却相互并不认识的粉丝心底也会有一丝疑问：为什么要相信你？

微博电商因此需要有更多的铺垫，只有拥有优质的内容，和自己的粉丝群体建立基本的信任度，才能够逐步破解这个难题。从这个角度来说，微信电商和微博电商其实是一码事，以下不做区别论述。

正因为起步阶段的效率高低分明，所以许多人，特别是草根，更乐意将微信作为微商的突破口。泛滥的朋友圈电商广告，其实就是用手指投票的最好证明。

然而，大量低质量的产品通过熟人朋友圈这样一种强关系的信任网络传播，最终微信电商因为信用破产。所以微信电商在2014年大红大紫之后，于2015年开始慢慢走向颓败。

有限商品推广VS全量体验放送

在朋友圈内存活的微信电商之所以走进窄巷，还有一个十分重要的原因，就是其可以选择推广的商品十分有限。微信电商推广的商品之所以有限，是因为当下主流的微信电商模式是一种分销商式的金字塔形销售模式。

这种销售模式使得许多品牌级的大众消费品与微信电商无缘，因为层级分销，所以势必会导致层层加价。试想，一瓶可乐在小卖部里3元可售，通过微信电商会变成什么价？消费者还会有消费欲望吗？因此，微信电商的销售主要集中在面膜、保健品这些尚无明确品牌霸主和有效价值衡量区间的商品之上。

即使没有产品质量问题，这种价格上的不可控也同样会导致微信电商最终的落败，因为这违背了电子商务的基本原则，即通过电商渠道，最大限度地扁平化渠道，将最具诱惑力的出厂价格直面消费者。

当然，这个问题也并非不可解。部分微信电商主要经营自己生产的产品，因此其不会遭遇上述问题，但对于本身不创造商品的大多数微信电商来说，层级分销和品牌不可控，都为其信用破产埋下了隐患。

相对而言，微博电商则不以直接经营商品为主。按照王高飞的说法："我们将专注于连接商品和消费者，不是直接将用户与商品连接，而是通过覆盖几十个垂直领域的将近2 000多万的购物达人与用户发生联系。"

其实，微博充当的角色就是一个导购平台，而从事微博电商的意见领袖则扮演着导购员的角色，目标最终将指向淘宝平台。其优点在于价格不再是问题，品类也是全方位的，但是这其实是美丽说、蘑菇街早就实现过并展示出价值的模式。只是这一次，做分享的人群从美丽说、蘑菇街那样偏草根的类型，向更专业、更媒体化的微博意见领袖转化。

150人VS无限大

类似的电商分享体验，其实微信在年初就已经开始试水。比如，通过京东将分销模式开放给每一个微信用户，让这些用户可以自由推荐京东商品给自己的朋友，从中获得利润分成。由于这种模式局限于朋友圈，因此很难做大。

基于强关系的社交构架决定了这一结局。一个人的朋友圈到底能有多大呢？英国牛津大学的人类学家罗宾·邓巴在2009年提出了一个邓巴定律。该定律根据猿猴的智力与社交网络推断出，人类的智力允许人类拥有稳定社交网络的人数是148人，四舍五入是150人。也就是说，不管你的微信里有多少好友，你真正的朋友也就150人。

这个定律是否完全准确，每个人都有自己的衡量标准，但差距不会太大。150人的规模有多大，充其量就是一个小区罢了，而在150人规模的朋友圈里做销售，结果如何？小区小卖部而已。哪怕你的货品门类齐全、价格优惠，辐射范围终究有限。

当然，这种产品分享的方式之所以在微信电商中难以奏效，还有一个原因，那就是朋友圈中的人更希望获得针对朋友圈族群特征的特色产品的体验分享，否则还不如直接去网店看评价来得实在，而一般的微信电商尚不具备微博意见领袖那样的鼓动力（从文字表达、图片制作乃至视频设计等多个角度进行综合）。

显然，在开放式广场状态下的微博中，只要你的声音足够大，粉丝和听众就会足够多。

用专业推荐实现殊途同归

在经验交流领域进行商品推广，最终依然要突破朋友圈，微信电商只是更容易在朋友圈内捞到第一桶金。微博电商的参与者们则要靠过去积累下来的粉丝逐步扩展。

真正能够游出来，在朋友圈之外更大的范围内扩展自己的商业疆域的人，其实都只是二八定律中那一小撮人群，其中也包括有自营产品的那部分商家，这些人最终都会选择使用面向陌生人拓展粉丝群体的微信公众号和微博账号，其实这些人都属于广义上的微博电商。非如此，就不可能打破朋友圈的150人魔咒。事实上，微信电商中的佼佼者们也都是如此去做的，否则还分订阅号和服务号干什么？

微博电商显然会成为未来社交电商的主流模式。按照王高飞的说法："电商需要流量，这些流量在封闭的圈子里面并不能转化为消费力，不断地刷屏很难吸引新的流量，但是微博电商可以不断获取新的流量，不断营销新的用户。"

但也存在问题，因为无论是在微博上还是在微信上，用户的核心目的都是来社交的，没有人希望在社交中插播广告。对于不断插播广告的人，其在微信和微博上的待遇都可能是被取消关注。

"我们不希望我们的粉丝凭着一腔热血或者单向崇拜去购买一个商品。"王高飞的话语中其实透着无奈。这种无奈就在于微博电商怎样融入社交的水流中，又不会把水弄得太浑。

美丽说、蘑菇街就没有这种无奈，因为它们就是个导购分享平台。用户上平台的目的也很单纯，就是去看看导购达人们又有什么新货推荐。微博能做到吗？微博毕竟不是一个垂直社交平台，除非崛起一支强大的导购达人队伍，在配合上偶尔来客串下赚点零花钱的微博意见领袖。

其实，新浪微博本身也冒着掉粉的风险在试错，参与者或围观者都该给它加油。

资料来源 张书乐. 微博电商VS微信电商 同质化下的差异竞争［J］. 销售与市场：管理版，2015（9）.

问题：通过对上述案例材料的学习，请同学们对微博电商与微信电商进行比较，并填写表1-6。

表1-6 **微博电商VS微信电商**

	微博电商	微信电商
相同点		
不同点		

三、其他新型渠道模式

各组同学在查阅资料或者实地走访企业的过程中，若发现了其他新型渠道模式，请结合企业自身的情况，对这些新型渠道模式进行分析。

____

____

四、小结

通过对上述渠道模式的讨论和分析，请各个渠道的小组成员共同设计完成产品的渠道结构图，图1-2为示例。

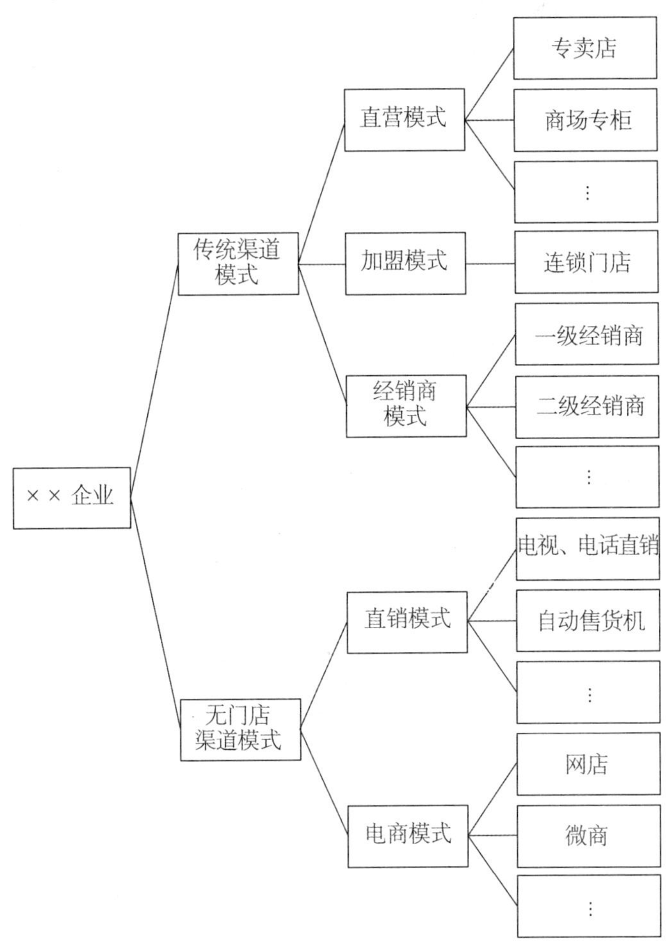

图1-2 ××企业××产品在××地区的渠道结构图

效果评价

教师和小组成员共同对实训效果进行评价。个人最终成绩由两部分组成：一部分是个人表现情况，首先在小组内部评出每位成员的个人成绩，然后由教师进行评分，最后求平均分，见表1-7；另一部分是小组表现情况，由教师进行综合评分，见表1-8。个人最终成绩的公式如下：

$$\text{个人最终成绩}=80\%\times\text{个人表现情况的成绩}+20\%\times\text{小组表现情况的成绩}$$

表1-7　　**小组成员个人表现情况评分表**

姓名：

评分标准	分值	小组评分	教师评分	平均分
专业知识储备	20分			
知识运用能力	20分			
语言表达能力	20分			
整体职业素养	20分			
团队合作意识	20分			
备注				

表1-8 **小组表现情况评分表**

小组成员：

评分标准	分值	教师评分
每个环节内容填写的认真程度	50分	
案例分析讨论情况	20分	
小组整体课堂表现	30分	
备注		

实训项目二
选择渠道成员

实训任务

在完成实训项目一的基础上，请各小组成员继续为已经布局好的产品渠道结构选择渠道成员。

实训目标

1. 掌握选择渠道成员的要素。
2. 了解选择渠道成员的策略。
3. 学会团队合作，共同完成任务。

实训要求

1. 分组实训。按照实训项目一的分组继续练习，保持原各组成员所负责的渠道模式不变，对已开发的渠道选择相应的成员。

2. 在实训过程中，通过与相关企业的联络咨询，制定出合理、科学的选择渠道成员的标准或制度。

实训操作

能否找到合适的渠道成员，直接影响着在实训项目一中布局好的渠道结构的成败，而渠道成员的选择会受到诸多因素的影响，如企业的资源、资金、管理能力、控制欲望等。在本次实训过程中，各组同学需要按照以下步骤（如图2-1所示）对各个影响因素进行综合分析，最终为各种渠道模式找到最佳的渠道成员。

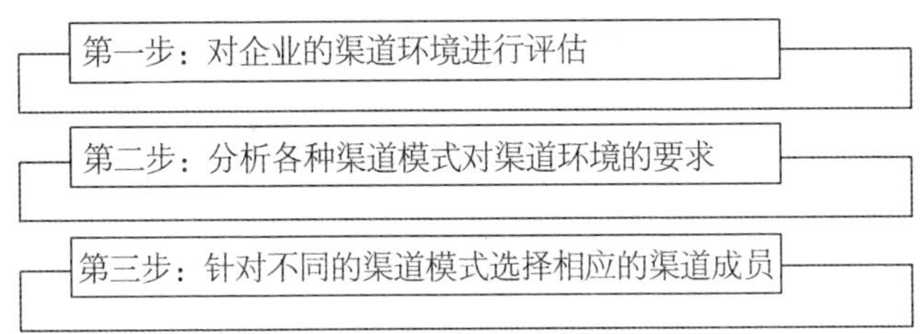

图2-1　选择渠道成员操作步骤

第一步：对企业的渠道环境进行评估

一、影响渠道成员选择的因素

每个企业都希望与资金实力强、市场开拓能力强、执行能力强和服务能力强的渠道成员合作，但是具有这些优点的渠道成员是稀缺的，并且企业与渠道成员之间的选择是双向的，一厢情愿是无法达成共识的。因此，企业在选择渠道成员时会受到诸多因素的影响，主要包括企业现有渠道合作伙伴情况、企业现有渠道人员的结构及规模、企业的品牌价值、企业的资金实力与管理能力、企业对渠道的控制欲望。

二、企业渠道环境评估

依据上文列出的因素，分析企业的渠道环境，并对企业的渠道环境进行综合评估。

（一）企业现有渠道合作伙伴情况

如果企业在某些渠道方面有合作伙伴，那么这些合作伙伴会对企业新产品的渠道开发起到事半功倍的作用。请各组同学按照企业的实际情况填写表2-1。

表2-1　**企业现有渠道合作伙伴情况**

渠道合作伙伴类型	数量	合作关系	其他情况
自有专营店			
特约（一级）经销商			
网店			
⋮			

（二）企业现有渠道人员的结构及规模

企业现有渠道人员情况对渠道的开发具有重要影响，充足的人力乃至人才是渠道开发的有利条件。请各组同学按照企业的实际情况填写表2-2。

（三）企业的品牌价值

品牌价值是企业与渠道成员谈判的重要砝码，企业的品牌价值越高，企业在与渠道成员谈判的过程中越处于有利地位。请各组同学按照企业的实际情况填写表2-3。

表 2-2 **企业现有渠道人员的结构及规模**

<table>
<tr><th colspan="2">渠道人员结构</th><th>渠道人员规模</th></tr>
<tr><td colspan="2">渠道经理</td><td></td></tr>
<tr><td rowspan="6">渠道成员</td><td>管理部门</td><td></td></tr>
<tr><td>直营业务部门</td><td></td></tr>
<tr><td>加盟业务部门</td><td></td></tr>
<tr><td>经销商业务部门</td><td></td></tr>
<tr><td>无门店运营部门</td><td></td></tr>
<tr><td>电商部门</td><td></td></tr>
<tr><td colspan="2">渠道岗位总人数</td><td></td></tr>
</table>

表 2-3 **企业的品牌价值**

衡量指标	数值
产品利润率的环比增长率	
品牌市场份额	
品牌市场规模	
品牌市值估算	
⋮	

（四）企业的资金实力与管理能力

请各组同学结合实训项目一中对企业实力的分析结

论，描述企业的资金实力与管理能力，并填写表2-4。

表2-4　　**企业的资金实力与管理能力**

资金实力	
管理能力	

（五）企业对渠道的控制欲望

企业对渠道的控制欲望会影响企业对渠道模式的选择。强烈的控制欲望会促使企业选择容易控制的渠道模式（如直营模式），也会促使企业自建渠道团队。请各组同学描述企业对渠道的控制欲望，并填写表2-5。

表2-5　　**企业对渠道的控制欲望**

企业对渠道的控制欲望	

（六）小结

各组同学在完成表2-1至表2-5的基础上，对企业的渠道环境进行综合评估，并填写表2-6。每个因素的最高得分为5分，分值越高，说明企业的条件越好。

表2-6　　企业渠道环境综合评估

评估因素	分值					备注
	5分	4分	3分	2分	1分	
企业现有渠道合作伙伴情况						
企业现有渠道人员的结构及规模						
企业的品牌价值						
企业的资金实力						
企业的管理能力						
企业对渠道的控制欲望						

第二步：分析各种渠道模式对渠道环境的要求

不同的渠道模式对企业渠道环境有不同的要求，只有满足了特定的要求，渠道的运转才会正常、顺利。例如，加盟模式要求企业对加盟成员有着非常详细的制度规范，同时产品也必须具有可复制性。请各组同学认真分析各种渠道模式对企业渠道环境的要求，并对各项要求进行描述，填写表2-7。

接下来，请各组同学对比分析所填写的表2-6与表2-7的内容，从对比中得出企业现在的渠道环境能满足的渠道模式，以及不能满足的渠道模式。对于渠道环境不能满足渠道模式的情况，探讨是改进渠道环境，还是暂且放弃相应的渠道模式。同学们最终需要绘制并填写两个表

表2-7　**各种渠道模式对企业渠道环境的要求**

企业渠道环境 / 渠道模式	渠道合作伙伴要求	渠道人员要求	品牌价值要求	资金能力	管理能力	受控效果
直营模式						
加盟模式						
经销商模式						
直销模式						
电商模式						

格，表2-8与表2-9为示例表，同学们可以直接使用，也可参考后另行绘制。

表2-8　**对比结果**

现在的渠道环境能满足的渠道模式	现在的渠道环境不能满足的渠道模式

表2-9　**选择结果**

现在的渠道环境不能满足的渠道模式	改进渠道环境	放弃渠道模式

第三步：针对不同的渠道模式选择相应的渠道成员

各组同学在完成第一步和第二步的操作后，就能够清晰认识到企业现在的渠道环境对渠道成员选择的有利与不利之处了。接下来，各组同学要针对自己所负责的渠道模式选择相应的渠道成员。

一、直营模式

（一）确定直营市场分布

请同学们描述出实训项目一中已经确定的直营模式所覆盖的市场，从而对直营模式的人员需求做到心中有数，并填写表2-10。

表2-10 **企业直营市场分布**

直营市场分布	网点数量
省级直营市场	
市级直营市场	
县级直营市场	
⋮	

（二）配置直营市场人员

1.配置主管人员

针对表2-10填写的直营市场网点数量，配置相关的负责人员和工作人员。在实际工作中，市场的开拓不是一蹴而就的，它需要慢慢开展。请负责直营模式的同学规划近3年门店拓展的数量，并完成图2-2。此外，人员配置时也可以越级，并不是层层都要配置。

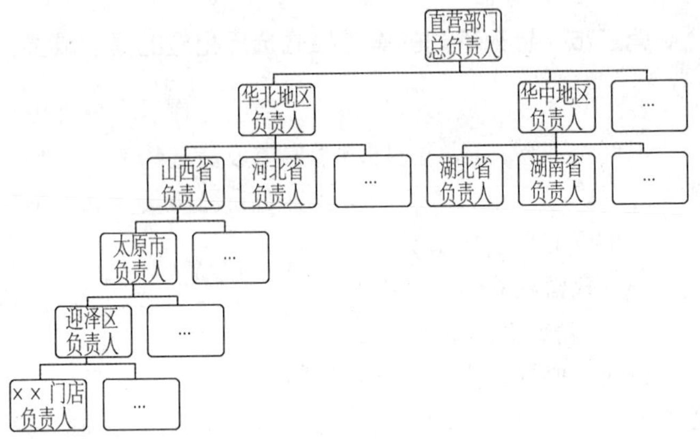

图2-2　直营市场人员配置情况

2.配置工作人员

完成了图2-2后，也就完成了直营门店主管人员的配置，接下来要安排每个具体门店工作人员的数量。请负责直营模式的同学按照门店运营的需要，统计安排工作人员的数量，若出现人员不足的情况，还需要提出解决办法。

（1）所需工作人员数量（见表2-11）。

表2-11　**所需工作人员数量**

岗位	所需人数
导购	
收银员	
理货员	
⋮	
合计	

（2）人员不足的解决办法。

____

____

（三）明确直营人员的岗位职责

对直营门店的管理水平体现了企业的综合管理能力，明确的制度规范或工作流程是实现有效管理的重要手段。请负责直营模式的同学根据表2-11中的工作人员岗位，为直营门店的工作人员制定出简单的制度规范或工作流程，以word形式完成。

二、加盟模式

在加盟模式下，企业对加盟成员的要求较多，如前期应遵守企业的加盟管理制度以满足加盟条件，加盟后应遵守企业关于加盟店的经营管理办法。因此，企业在实施加盟模式之前，必须对整个加盟模式、加盟流程、加盟支持方式、加盟费用及加盟店今后的利润分析和门店运营管理等方面进行详细、周到的制度规范，这样才能保证加盟模式的顺利运转。

（一）加盟管理制度

加盟管理制度主要介绍加盟条件。请负责加盟模式的同学按照表2-12的内容，制定或完善企业的加盟管理制度。

（二）加盟店经营管理办法

加盟成员满足了前期加盟条件后，还要遵守有关门店运营的加盟店经营管理办法。请负责加盟模式的同学按照表2-13的内容，制定或完善企业的加盟店经营管理办法。

表2-12 **××企业加盟管理制度**

企业简介	
加盟模式介绍	
加盟流程说明	
加盟费用说明	
利润分析	

表2-13　　××企业加盟店经营管理办法

人员管理	店长管理	
	员工管理	
产品管理	订货管理	
	陈列管理	
	促销管理	
	调换管理	
服务管理	导购服务管理	
	售后服务管理	
	便民服务管理	

三、经销商模式

（一）制定标准

在经销商模式中，经销商的市场开拓能力、服务能力和可控制程度等都是企业在选择经销商时要考虑的因素。因此，企业要制定选择经销商的标准，或对经销商进行评价。表2-14列出了一级经销商和二级经销商的选择标准，请负责经销商模式的同学完成表2-14。如果企业只负责一级经销商的开发，二级经销商的开发由一级经销商负责，则只需要填写一级经销商的有关内容。

表2-14　**经销商选择标准**

经销商级别	资金要求	设施要求（仓库、运输车辆等）	市场开拓能力（市场覆盖率）	服务能力	执行能力	…
一级经销商						
二级经销商						

（二）案例学习

经销商环境的评估

俗话说："进什么山，唱什么歌。"这是说，要审时度势，有的放矢，清楚自己所处的环境，才能有所作为。虽然每个厂家业务人员都有自己的性格、脾气、说话特点、做事风格、对生意的主张、对市场的规划，但是厂家业务人员是在经销商的平台上开展工作的，也就是在经销商所主导的环境中开展工作的，因此厂家业务人员非常有必要保持对环境的足够了解。

对于环境的细节点，可以通过经销商档案收集和整理，这是基础。除此之外，还要对环境的整体状况和性质进行明确和分类。

1.经销商的规模与厂家的业务定位

按照年度业绩流水划分，私营经销商群体一般分为四个等级：

（1）小型经销商，100万～1 000万元。

厂家的业务定位：交朋友，争取成为经销商的业务主导厂家。

（2）中型经销商，1 000万～5 000万元。

厂家的业务定位：找位子，产品定位清晰，强调增长和持续发展。

（3）大型经销商，5 000万～2亿元。

厂家的业务定位：产品定位清晰、特色突出，强调持续发展。

（4）超级经销商，2亿元以上。

厂家的业务定位明确，产品有特色，对经销商的产品组合和渠道组合能起到一定的促进作用，突出增值服务的亮点，主动寻找一些一般厂家不关心的部门，并与之建立关系，从而获得信息和寻求点上的支持与配合。

2.经销商的关系环境与厂家业务人员的处理定位

所谓经销商的关系环境，是指经销商与上游厂家的合作关系状况。

（1）专营商型，即只做某个厂家的产品。

厂家业务人员的处理定位：先交个朋友，等待以后的合作机会。

（2）诸侯割据型，即几个大厂家占据了经销商的大部分生意份额，且势均力敌。

厂家业务人员的处理定位：稳定关系，平衡关系，不介入纠纷，更不能挑拨是非，自己找一个经销商老板和其他大厂家都看着顺眼的位置。

（3）带头大哥型，即只有一两个大品牌，其他都是小品牌。

厂家业务人员的处理定位：打好基础，让经销商老板看到该厂家具备成为新一代大哥的潜质。

（4）一帮小弟型，即有一堆小品牌，还可能是几个大品牌的二级代理。

厂家业务人员的处理定位：努力成为小池塘里的大鱼！

3.经销商高层关系结构与厂家业务人员的关系建立

所谓经销商高层关系结构，是指经销商老板及管理层的关系结构。

（1）完全家族化，即管理层全部由经销商老板家里人组成。

厂家业务人员的关系建立：突出做事能力，注意保持距离，不过于亲近。

（2）家族和外聘高层（职业经理人）同时存在。

厂家业务人员的关系建立：两边平衡，家族成员面前强调做事质量，外聘高层面前强调认同和尊重。

（3）完全外聘，即经销商老板基本不管事，完全让外聘的职业经理人操盘。

厂家业务人员的关系建立：根据外聘职业经理人的类型区别对待。对于短期战术型职业经理人，应突出对其的认可度和尊重，突出自己的执行力；对于长期战略型职业经理人，应突出自己的安全、稳定，以及较强的专业能力。

4.经销商公司整体状态与厂家业务人员的把握点

（1）新创立的经销商公司。

厂家业务人员的把握点：在管理和经营方面，尽可能多给予一些技术上的建议和支持。

（2）多年的老公司，持续改进，稳步提升。

厂家业务人员的把握点：深入了解，把握经销商公司当前的现状和发展方向，积极响应与对接。

（3）多年的老公司，混乱。

厂家业务人员的把握点：突出自身的条理化和清晰化。

5.经销商业务团队与厂家业务人员的交往原则

（1）完全是经销商自己的团队。

厂家业务人员的交往原则：全面熟悉，建立群众关系。

（2）经销商自己只有后台人员，前台业务人员都是各厂家派驻的。

厂家业务人员的交往原则：将重点放在经销商后台人员关系的建立上，与其他厂家派驻人员和平相处即可。

（3）后台业务人员是经销商自己的，前台业务人员有厂家派驻人员和经销商自己招聘的人员两种。

厂家业务人员的交往原则：将重点放在经销商后台人员和经销商自招业务人员关系的建立上，与其他厂家派驻人员和平相处即可。

（4）后台由经销商老板直接控制，前台业务人员与经销商老板是承包关系。

厂家业务人员的交往原则：县官不如现管，重心下沉，保证与承包业务人员的沟通质量。

资料来源　潘文富.经销商环境的评估［J］.销售与市场：成长版，2013（6）.

问题：通过对上述案例材料的学习，请各组同学建立一个经销商渠道成员评估体系。

____

____

四、直销模式

（一）直销模式的渠道成员选择

1.人员直销

人员直销包括上访和电话直销。在人员直销模式下，企业不仅需要大量的业务员，而且需要对业务员进行岗位培训，为他们设计良好的发展通道，这样才能有效减少业务员的不稳定性。请负责直销模式的同学填写表2-15。

表2-15　**直销模式下渠道成员的选择及安排**

招聘方式	
职业发展	
培训规划	
其他	

2. 自动售货机

自动售货机（Vending Machine，VEM）是能根据投入的钱币自动付货的机器。自动售货机是商业自动化条件下的常用设备，它不受时间、地点的限制，能节省人力、方便交易。为了使自动售货机及时、有效地为消费者提供产品，企业对自动售货机的维护与管理工作自然尤为重要。一般而言，自动售货机的维修由厂家售后服务部门负责，负责直销模式的同学需要安排人员每天进行例行检查或简单的维护。

3.其他无门店渠道模式

____

____

（二）案例学习

什么样的业务员最受客户欣赏？

谁都知道业务员的工作不好干，每天都要拜访新的客户，经常吃闭门羹或者被下逐客令，心里受的委屈就不用说了，还有就是经常出差在外，一年之中与亲人聚少离多。所以，业务员的工作不容易，因为他要承受比做其他行业更多的心里委屈和感情煎熬。可是，同情不能当饭吃，你既然选择了这一行，就要拿出你的热情和决心，把你的工作做好。我做农资时接触过很多业务员，有的业务员真的让我刮目相看，很是欣赏。

一位“细节制胜”的业务员

我说个例子，有一个厂家的业务员在我这做得很成功，是因为在后来的接触中，他有几个细节打动了我。

我的上级批发商经常会派各个厂家的业务员定期到我的店里回访。业务员之间的关系也是比较微妙的，因为他们代表的是不同的厂家、不同的利益，所以来到我的店里，他们的表现都是各显千秋。

其中有一个业务员，是一个很白净的、瘦瘦的男孩，看着其实不讨人嫌，不过他代理的厂家我实在是没看上，所以每次他都是我最冷待的一个人，只是客气地点头微笑一下后，我就会和其他厂家的业务员高谈阔论起来。每次他都在一边聚精会神地听我们聊天，离开后礼貌地和我道别。

一年里，我只要了他代理的厂家一次货，但是他每次来的时候，都会帮忙卸点儿其他厂家的肥料。其他厂家的业务员都是卸完自己代理厂家的肥料就不管别人的了，他是谁家的都帮着卸！

到了年底，各个厂家的业务员都来统计卖了多少货，统计到他代理的厂家时，我都感觉很尴尬！我带着满脸的愧疚看着他，他却笑着说："姐，没事的，我厂家的肥料确实没有他们的好，我今天都拉走。"

一点儿抱怨没有，这么阳光、热情，我突然非常欣赏他。我告诉他："明天你再辛苦一次，把你单位所有产品的资料带给我，以前的我没有保存好，可以吗?"他的眼睛当时变得异常明亮，开心地说："好的，姐姐！"就这样，我在很短的时间内，找个合适的作物，把他的肥料销售出去了，帮助他完成了当年厂家给他的销售任务。

所以我想说，业务员的工作是不好做，但是如果你能够用"心"做，成功离你其实不远。此外，还要处理好自己与客户、厂家的各种关系，选好你工作的厂家。还有一点很重要，做一个道德高尚、有素质的业务员，这样的业务员我是最欣赏的！

最受经销商欢迎的四类业务员

第一类，顾问型业务员。

顾问型业务员一般都是知识比较广博、经验丰富、善于总结的人，他们对行业有较深的了解，具备专业的营销和管理知识，对市场运作有较丰富的实操经验。目前在市场上，80%以上的经销商的操作模式和管理方法跟不上现代农业要求，与厂家的运作相比也落后不少。因此，业务员有空间以顾问的形式对这些经销商进行指导和培训。

第二类，能争取利益型业务员。

经销商大多是“利益驱动型”的，没有利益，你的产品再好、厂家再有前途，哪怕是世界500强企业，也跟经销商一毛钱关系都没有。对付经销商最厉害的招数就是“晓之以利、动之以利、诱之以利”。

一般厂家都有很多促销、赠品、终端费用、广告费用、返利、运输补贴等方面的支出，就看这些业务员有没有本事帮经销商去拿，怎样去拿并且不会损害厂家的利益！

第三类，能解决问题型业务员。

市场问题几乎每天都有，很多时候，经销商埋怨不断，就是因为业务员没有及时处理市场上出现的问题。日积月累，问题成堆，导致经销商与厂家的矛盾越来越深，最后演变成敌对关系。优秀的业务员则会“及时、准确、按标准、按流程”地解决市场上出现的各种问题，让经销商满意。

第四类，勤奋工作型业务员。

上述三类业务员的水平还是比较高的，一般都会受到经销商的欢迎。然而，很多业务员的知识水平不高、经验也不丰富，要想受欢迎就只有一个办法——勤奋。人们常说“天道酬勤”，勤奋肯定不会令人生厌。

资料来源　佚名. 什么样的业务员最受客户欣赏？[EB/OL]. [2015-11-06]. http://www.aiweibang.com/yuedu/62912809.html.

问题：通过对上述案例材料的学习，请各组同学谈谈自己是否已经满足了“受客户欢迎的业务员”的要求。

____

____

五、电商模式

(一) 电商模式的渠道成员选择

1.选择组建方式

电商模式的渠道成员应该由企业员工承担，还是由已有的外部渠道成员承担呢？当然，不同的电商模式有不同的渠道成员选择办法。请负责电商模式的同学针对不同的电商模式制订不同的渠道成员选择方案，并填写表2-16，同学们也可参考本步骤“案例学习”中的案例1、案例2和案例3。

表2-16　**电商模式的渠道成员选择方案**

电商模式	由企业员工承担	由已有的外部渠道成员承担
网店		
微商		
⋮		

2.选择具体渠道成员

(1) 网店组织渠道成员架构

如果企业决定自己组建电商团队，那么负责电商模式的同学需要设计组织成员架构，可以参考图2-3来安排相应的人员。

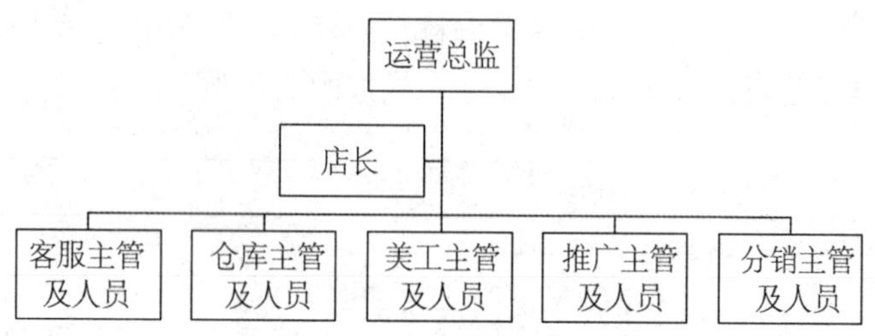

图2-3　网店组织渠道成员架构

（2）微商组织渠道成员架构

对于微商模式，企业只有动员更多的成员参与，才能获得更多的销售机会，而低门槛的加入方式确实吸引了很多成员参与。请负责电商模式的同学参照图2-4来安排相应的渠道成员。

（二）如何避免线上平台与线下门店的冲突

如果同一款产品在线上平台和线下门店都有出售，第一应考虑产品由谁来配送，如果由线上平台出货，就会引起线下门店的不满；第二应考虑产品的定价，即线上平台与线下门店的价格孰高孰低，如何取得平衡；第三应考虑售后服务方案，即如果消费者选择在线上购买产品，那么售后服务由谁来负责，如产品的安装、维修等。负责电商模式的同学可以参考本步骤“案例学习”中的案例4，对以下问题提出解决方案。

1. 线上及线下产品配送策略

____

____

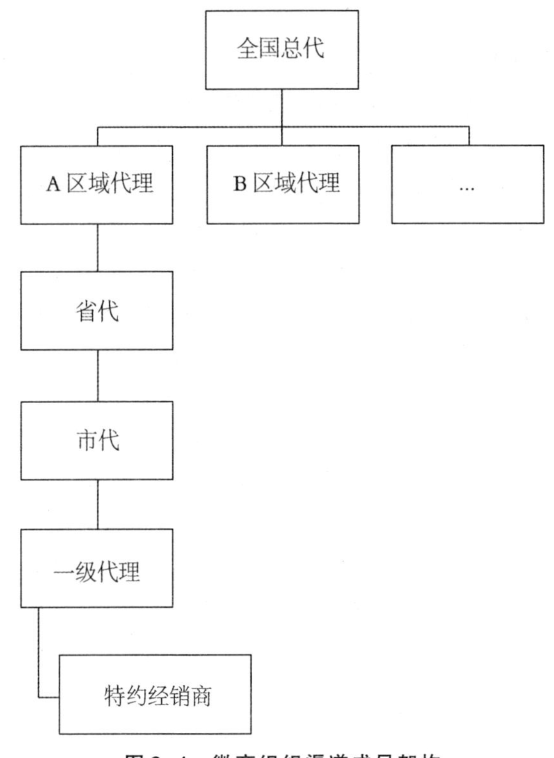

图2-4　微商组织渠道成员架构

2.线上及线下产品定价策略

____

____

3.线上及线下售后服务方案

____

____

（三）案例学习

案例 1

小白熊电商“养成记”

谁在线上帮我们卖？

线下的商家都说网店是乱价的罪魁祸首，但网店又何尝希望价格乱得一塌糊涂，特别是网店做大了之后。

“合作越是稳定的客户，控价的配合越好，而且根据二八原则，大部分销量还是来自这些大的稳定的客户，重点客户是不希望乱价的。”小白熊母婴用品执行副总裁曹杰说。

对于有营销实战经验的人来讲，这种规律不难理解。对于远望是一片混乱的线上市场，走近细看，再亲身经历，有些脉络就会变得清晰起来。

纵观淘宝这些年，“以乱治乱”是淘宝在初期的主要手段。众品牌商正式入驻淘宝之前，淘宝的货从哪里来？是从批发市场，或者从各个渠道“窜”来的。如此，淘宝在消费者的心中形成了“低价”这个词条。

之后，更多的店主加入“厮杀”，店与店之间的差距形成。那些大卖家开始感觉到“秩序”的重要性，而资金的沉淀、团队的成熟，可以让卖家们有更多实现差异化的手段，包括进一步完善供应链，这个时候就需要品牌商了。

曹杰说，小白熊原本也是一家传统企业，上线之前已经在线下铺开一些渠道。然而小白熊当时在线下的渠道并没有完全铺开，不管是对线上还是对线下而言，小白熊都是一个新的品牌。很多成熟品牌还在因为电商的到来而措手不及和踌躇不定时，新兴品牌看到的更多是机会。要知道，以往在线下，光是铺开渠道就需要投入巨大的人力和物力，现在多了一个渠道，难道不是一件令人兴奋的事吗？

很多时候，有些品牌都是先“被迫”上线的，因为在品牌商自主推动之前，很多线上店铺已经开始卖品牌商的产品了，有些产品的销量还不错。

小白熊正式成立电商部门并攻入线上渠道之前，线上已经有小白熊的货了。“当时开网店的人有两类，一些是直接开网店的人，另一些是之前在线下就开店，现在也想做线上的人，他们也需要完成两线布局。”此时小白熊的电商团队尚未完全成熟。“最开始对这些网店的管理也没有那么严格，而且这些网店没有颠覆我们的整个布局。”

小白熊正式上线的第一步便是建旗舰店。

旗舰店有一个重要作用就是打造标准。“旗舰店有整套产品的详情、包装，我们都会提供给网店。”曹杰说，“后来慢慢形成了三角形的结构：上面是综合店，就是网络专营店；旗舰店是品牌形象的展示店，属于中层；下面是有潜力的网店客户。”

传统经验有没有用？

被归为“传统”，貌似是营销观念落后的标志，但是“传统”真的没有用吗？

“线下的一些营销模式、促销方式、陈列方式在线上依然奏效。”曹杰说。曹杰对自己身份的认知是“传统营销人转线上”。

比如陈列，“屈臣氏整个陈列线的关联性是非常好的，在线上也可以这么用，而且在线上我们可以根据后台的数据调整得更快。在线下，放一个堆头，堆头放在哪个位置？如果从主通道进去，哪些产品是具有关联性的？到了线上，哪张图片放在什么样的位置？放到某个位置，消费者点击进来的有多少？当季的促销品应放在哪个关联产品旁边？这些跟以往的操作都是一样的。”

线上的活动节奏也跟线下有相同的地方。“重要的活动基本上都是固定的，只是活动的形式、要求不同而已，店铺的陈列呈现都是一样的。”

更让曹杰兴奋的是，上线之后有些事情更简单，因为能得到更多数据的支撑和帮助，以及消费者的及时反馈，有更多尝试和试错的机会。“现在有了消费大数据的积累，我们可以充分分析消费者，甚至可以给消费者打上标签，只要根据标签来筛选消费习惯，就能做出营销决策，非常便捷。”

引流之后

当然也有一些线上特有的营销手段，如引流方式。“推广工具还是必备的，直通车、钻展都是常规工具。”但是好不容易引来的流量不能让转化率拖了后腿。

“2014年‘双十一’，我们的目标是提高消费者对品牌的认知，从视觉设计、详情优化、互动活动预热、推广方案制订、流量目标制定、实时跟踪计划、预案准备等方面做了重点准备。”

“消费者对品牌的认知已经不像以往那样要用广告来推动，现在更普遍的做法是通过多种平台，与消费者多角度沟通。消费者对品牌的认知，不再只通过传统媒体来观察。”曹杰强调，“口碑非常非常重要。”

品牌商已经有很多工具和平台与消费者互动，去抓取消费者的喜好及关注重点。

“整个电商平台，现在都更注重CRM（客户关系管理）。以前是给用户推送信息，从2015年开始，从消费者进店，一直到后续的关怀，都要跟上。如果你与消费者有更多互动，就会让消费者产生更多黏性。对品牌的认知，应更多地体现在购买的良好体验上。”

现在大家有一个普遍的观点，在线上，单一的销售思维已经不够，还需要多元思维。“特别是现在，90后都快当妈妈了，她们的体验需求时刻在变化。”曹杰说，“当你下定决心做品牌的时候，又会面临新问题。销售是有一些硬指标的，但品牌是一个软性的东西。”

小白熊曾做过一个“流浪的小白熊”环保主题活动，创意来自全球变暖，北极熊的生存环境受到破坏。那么，谁愿意收留小白熊呢？

小白熊向用户赠送小礼物，邀请用户晒照片，发现用户很乐意参加这种活动。3天之内，小白熊微淘的粉丝数达10 000人之多。

“但品牌推广是软性的，是灵活的和多样化的，其对销售的帮助是长期的，正如围棋的原理，品牌推广是布局，销售在这个布局下冲锋。”曹杰说。

资料来源　唐亚男．小白熊电商“养成记”[J]．销售与市场：渠道版，2015（3）．

问题：通过对上述案例材料的学习，请各组同学谈谈电商运营对本组产品选择渠道成员的启示。

____

____

案例2

传统企业怎么转型做电商

传统企业在做电商的时候，要注意以下几点：

1.进行电子商务可行性分析

企业在发展电子商务之前，要先进行电子商务可行性分析。首先，企业要分析自身，做到知己。了解企业自身状况，是企业进行电子商务定位、制订电子商务解决方案的前提。企业分析自身的深度和精准度将影响电子商务解决方案的有效性。然后，企业要分析竞争对手和市场环境，做到知彼，以明确电子商务的准入情况。只有了解了电子商务的整体发展趋势、竞争对手情况、消费者情况，才能真正了解企业自身所处的位置，才能制订出合理的电子商务解决方案。

2.清楚品牌定位，制定电子商务发展战略

通过对行业、竞争对手以及企业电子商务项目的分析，企业可以明确电子商务项目在整个企业中的定位，并在此基础上制定电子商务发展战略：

一是通过对自身电子商务情况和行业电子商务情况的研究，确定渠道策略。

二是结合线上、线下渠道，通过会员策略掌握终端消费者，提高销售额。

三是通过对行业、竞争对手、企业电子商务、线上及线下价格的冲突研究，结合企业产品，确定产品价格策略。

四是通过对行业、竞争对手、企业电子商务、线上及线下产品的分析，结合企业实际情况，确定产品营销策略。

五是通过对行业、竞争对手的分析，确定电子商务运营策略。

六是通过对企业电子商务网站的分析，确定有效的网络推广方式。

3. 整合网络营销，科学、高效地管理供应链

通过整合网络营销，策略性地综合运用软文营销、新闻营销、口碑营销、微博营销、问答推广、搜索引擎等品牌传播手段，企业可以用较低的营销成本获得显著的品牌营销效果。通过系统化的电子商务运营，完善的产品策略、会员策略、数据分析体系、客户管理制度、订单处理机制、售后服务流程，企业能够实现销售额和利润的稳定增长。

在完整的品牌营销策略的指导下，进行专业化、标准化、流程化的电子商务运营，必然会促进企业自身电子商务的持续、健康发展。至此，企业才真正实现了从线下到线上身份的完美蜕变。

发展线上品牌已成为很多中小企业的必选之路。只有顺势搭上电商经济的班车，通过清晰的品牌定位和产品线规划、科学高效的上下游企业合作、完善的售后服务，才能实现利润突破、品牌振兴。尽管电商渠道的品牌竞争比

线下渠道的竞争更为激烈，进入门槛低，信息对称度高，很多实力薄弱的企业容易被湮没，但是只要抓住重点，找到电商与传统实体店的差异，充分了解网购消费者的心理特征并顺势做出调整，将产品和服务的优势凸显出来，形成自己的核心优势和鲜明特色，将销量先做上去，利用销量反哺品牌，持之以恒，知名品牌就能缔造出来。

资料来源 佚名. 传统企业怎么转型做电商［EB/OL］.［2015-10-06］. http：//www.one-link.cn/View/post/341.html.

问题：请同学们思考发展电商模式的基本要素。

____

____

案例3

微商徘徊在十字路口：向左还是向右?

“错过10年的淘宝，错过5年的微博，你还会错过微信吗? 去年你错过了微营销，现在你还会错过微商吗?”

易观国际报告数据显示，2014年，中国移动购物用户规模突破3亿人，移动购物的交易规模接近10万亿元；同时，微信的用户数已超过6.5亿人，月活跃用户数超过4.7亿人。截至2015年上半年，基于微信的微商从业者已高达两三千万人，开有1 000万家微店。有机构预测，未来一两年，微商从业者将破亿，微商或成为移动电商的下一个风口。

微商的爆发

近年来，微商发展势头迅猛，动辄成千上万人，群情激昂的大会让许多“小白”热血沸腾，觉得微商就是自己未来的造梦空间和致富工厂——一个月流水过千万元，三个月开宝马，半年买房子，一年成为亿万富翁……一个个宏伟的创业梦想，似乎马上可以实现。

微商，本是淘宝之后众多创业者的又一条“康庄大道”。据易观国际统计，不到两年，微商从业者已达数千万人，平均每天诞生30 000到60 000个微商。2014年，微商市场就达到了惊人的近千亿元交易规模，仅面膜就成交了200亿元左右。

微商之所以如火如荼，主要原因在于：其一，准入门槛低。只要一部手机，注册一个微信号即可操作。其二，零成本营销。对于一些大学生和准妈妈来说，微商为他们开辟了新的生财之道。其三，口碑传播快。如果你的人品还不错，身边又有一批热爱购物的朋友，那么这种传播效应不亚于病毒营销。其四，建立多层级微商代理制，这种代理模式的流转路线从大区、总代、市代、一级、二级、特约到消费者，中间设置4～6个层级，层层囤货、压货，以快速通过渠道铺货，实现短期内快速转售产品、收取货款的目的。

这种多层级微商代理模式的能量很惊人，这里可以拿建商场来做比喻。一个一线城市的万达商场一天的人流量大概是30万～50万左右。如果你有一个微产品，手上有10个总代，每个总代下面有20个一级代理，每个一级代理下面有50个经销商，每个经销商手里又有50个好友(消费者)。如果所有层级都加满人的话，数数你手上有多少人。50万人！

也就是说，当你掌握了10个总代，如此让每个人都满员加了精准客户，那么你就拥有了一座万达广场。每天有50万人来逛你的商场，你觉得是什么概念与景象？或许这正是微商代理模式巨大的魅力和引力所在。

可以说，作为一种新型的移动电子商务，微商凭借其“创业门槛低、经营灵活、推广成本低、受众者众、赚钱快捷”等优势，已成为民众创业优先考虑的方式之一。

微商将迎来“大洗牌”

然而火爆之后，时下的微商市场可谓泥沙俱下，一些微品牌现在俨然是代理的天下、传销的狼窝和假货的天堂。

最近关于微商的非议可谓一波未平一波又起，而央视的介入将微商这个行业以及这个行业的群体推向了从未有的风口浪尖上。先是媒体爆料90后“网红转战微商”卖毒面膜致人毁容，接着央视又以新闻播报的方式连发几篇报道，称某些微商品牌质量存疑、涉嫌造假，几个微商大会酷似传销。

总之，从朋友圈刷屏创造销售神话，到好友避而远之，再到被屏蔽拉黑、“清理门户”，微商商业模式在假货的包围中陷入了困境。以往，微商沿用传统代理模式，一级代理拿到货后再招二级代理、三级代理，一级一级地向下压货，而为了拿到高级别的代理权，代理们甚至要囤堆积如山的货；同时，不少微商创业者不惜用华丽的语言包装产品，用不菲的营销费用推广产品，却忽略了在产品质量方面的严格把关，对消费者的投诉不管不问……

这样的创业、经商之路，只能越走越窄。在微商的实际销售链中，卖货的可能只有最后一个层级的人。当货在最后一个层级的人手中积压得越来越多时，就会像股市暴跌一样，给不少个体微商带来难以想象的损失。

事实也是如此。2015年年初，微商还风风火火，自4月屡遭央视曝光以来，开始变得有些萎靡不振，不少个人微商的业绩一下被腰斩，徘徊在十字路口。究其根源，除了遭媒体的披露导致形象受损外，关键还是这类微商的商业模式出了较大问题。现在至少45%以上的微商品牌都是靠拉下级代理盈利的，而不是通过售卖产品本身赚钱的，其本质就是一种变相的传销模式；50%以上的产品一直堆集在成千上万的代理人手中，并没有进入真正的消费流通领域，难以形成下一个规模级别的消费。

未来的微商会怎么发展？

知名品牌专家李光斗认为，面对行业分化洗牌加剧，微商的当务之急是要思考是以货为基础还是以人为基础，如何有效地在大的社交平台上营造良好的购物环境，要考虑相对有序的分享传播，而不是以透支人群信用为代价。

因此，微商在未来要避免边缘化，首先要对货品进行控制，对人群进行分层，避免信誉透支；其次要细化代理的关系，采用代理制最好不需要囤货，代理几乎不需要付出任何成本，一方面是针对个体消费者，只要动手将商品转发到朋友圈，有朋友购买就可以获得佣金，另一方面是面向经销商，经销商可以挑选合适的商品直接上架到自己的店铺，发货、售后则由供货商统一负责；最后要尽量减少转售层级，正品低价，对假货零容忍，不能搞毒面膜式的传销。这些，或许代表了未来新型微商的突破路径。

从更高层次、更长远的发展角度而言，未来的微商将会有以下四种发展模式：

第一，以C2C（个人与个人之间的电商）为主的个体微商。

虽然个体微商不被外界所看好，但是在所有移动电商平台上，基于微信的试错成本是最低的。目前，这部分群体的规模最大，随着微信功能的进一步完善，这部分人将会形成一个庞大的联盟体。不过这类C2C微商一定要回避囤货、假货、假交易记录等问题。

第二，以B2C（商家对个人消费者）为主的品牌微商。

这种方式是所有平台方和第三方最看好的微商发展模式。这种规模化是一个从C2C到B2C的过程，就像淘宝最先运作的是C2C，但是当这一模式偏离正轨时，天猫（B2C）就应运而生，用户的购物观念也逐渐从便宜转向品牌和质量。微商也是如此，未来要关注像国美、苏宁、清雅源、方太等知名传统企业B2C微商的发展。

第三，以C2B（消费者到企业）为主的“小而美”的微商。

在移动互联网时代，这种按需定制的个性化产品将会迎来全面发展，企业也将获得新的发展机遇。微信本身就是一款“小而美”的产品，对于非标类的产品，企业在微信上通过口碑传播和精准营销，更容易找到潜在的用户。在“去中心化”的电商平台上，“小而美”的产品更适合发展，如海尔的C2B模式就做得很好。

第四，以O2O（线上到线下）为主的为本地生活服务的微商。

O2O重在服务，如果微商仅仅把自己定位成一个靠微信卖东西的人，那么他就只是一个卖家或中间商；如果微商把自己定位成一个移动客服，既卖产品又提供售后服务，解决终端用户找信息难和信息不对称的问题，那么这类微商就会成为移动电商的主要桥梁。如今“互联网+”吹起的大风正向每一个传统行业席卷，如各类上门洗车、上门保洁、上门教育、上门送饭等，O2O创业平台如雨后春笋般涌现出来。一方是以e袋洗、河狸家、阿姨帮等为代表的到家服务垂直模式；另一方则是野心勃勃欲称霸整个到家服务市场的平台商，如58到家、京东到家、大众点评等。借助移动互联网，未来的微商将从卖产品向卖服务转变，“钱”景无限。

微商，未来如何发展，向左还是向右，只有它自己能够决定。

资料来源　吴勇毅．微商徘徊在十字路口：向左还是向右？[J]．销售与市场：管理版，2015（9）．

问题：同学们如何看待微信微商或微博微商？

____

____

案例4

O2O的内涵与本质

要素融合

O2O首先要解决的是线上线下各要素融合的问题，不能融合就无法成为O2O。

产品流的融合。所谓产品流的融合，是指企业要做到产品的概念、品种、包装、形象、价格等都要一样，但在规格上可以依据不同渠道的消费特性加以区别。在O2O模式中，线上、线下的产品是能够融合的，而不能是分离的，这就需要企业必须基于统一的品牌定位来规划针对不同渠道销售的产品，既有适合在商超渠道销售的产品，也有适合在分销渠道和电商渠道销售的产品。这些产品从一开始就必须进行统一的规划，而不是碰到问题后再来想办法。

资金流的融合。所谓资金流的融合，是指消费者的支付线上及线下都应该通行，既可以线下支付，如通过第三方零售商或者专卖店支付，也可以线上支付，如通过官方旗舰店或者网络分销商支付。O2O模式的一个核心就在于，企业必须实现网上支付，否则线上及线下是无法真正打通的。

物流的融合。在O2O模式下，企业既可以通过第三方物流企业直接将产品配送到消费者手中，也可以通过整合自己的线下渠道来实现产品的高效配送。例如，拥有专卖店的企业可以通过遍布各地的专卖店为网购的消费者实现当地配送，或者由消费者到当地的门店自行提货；没有专卖店的企业则可以通过各地的零售商平台实现对当地消费者的配送，当然，这种方式的操作难度较大，需要零售商自身向O2O商业模式转变。

信息流的融合。O2O模式的另一个核心就在于大数据体系的构建，而这必须依赖线上及线下渠道信息流的融合，因此需要企业构建一个强大的IT支持体系。消费者通过线上购物自然会留下相关信息，而消费者在线下购物也可以留下相关信息——尤其是在专卖店中，这些数据都应该被整合到一起。线上及线下消费者数据的性质还是有区别的，线上消费者的数据更多的是关于购物行为的数据，如购买量、购买品种、购买频率、购买金额、购买周期等；线下消费者的数据更多的是关于购物心理的数据，如购买原因、购买意愿、潜在需求等。

商流的融合。商流包括宣传和服务两个方面。在当今这个信息碎片化的时代，企业必须构建多元化的推广和服务体系，无论线上渠道还是线下渠道，都必须一致体现企业的品牌核心价值。从宣传引流的角度来看，线上及线下都可以充分发挥各自渠道的作用，线上推广具有爆发性、广泛性和联动性，线下推广则具有体验性和互动性；从服务引流的角度来看，无论是线上还是线下，客服在服务态度和服务速度上都需要重点强化，而线下渠道更可以发挥良好的现场互动效应。

美邦在2013年隆重推出的O2O体验店就是一个很好的O2O融合的例子，在同一个店内就实现了以上“五流”的有机融合；另一个成功的案例则是小米，除了自有官网的预售之外，小米还积极拓展天猫渠道和京东渠道，同时和三大运营商进行定制合作，这些动作都体现了O2O模式的精髓。

双向开放

O2O一定是双向的，只有单向无法成为O2O。

O2O模式的本质是开放的，其不仅仅是从线下到线上，也需要从线上到线下。无论线上还是线下，电商的本质都是商业，是满足顾客的需求。O2O模式要实现的，就是品牌价值在线上和线下渠道之间的顺畅流转。如果只能从线下到线上，或者只能从线上到线下，那么这个O2O都是不完整的。

以烟台黄飞红麻辣花生为例，它就是因为成功实现了从线上到线下的O2O，才迅速在两三年里实现了快速发展。黄飞红的O2O模式实现的是线上和线下的不断反哺联动，其将电商渠道作为战略新品的市场切入点，选择淘宝网和1号店作为主打线上渠道，大力发展线上分销，并给予分销商充分的利益保障，通过线上的爆款效应风靡一时；随后，根据购买者多为办公室白领的特点，黄飞红有针对性地在高端办公楼附近做活动，以此逐步渗透线下渠道。线上和线下的配合，使黄飞红麻辣花生在写字楼周边超市的销售额显著上升。同时，家乐福和沃尔玛的经销商也被黄飞红在网上的火爆所吸引，借助于大卖场的主流效应，黄飞红麻辣花生出现了第二次热销。随着黄飞红的名气越来越大，名人微博中也出现了这个产品，从而进一步提升了电商平台的销售额。通过实施O2O商业模式，近两年，黄飞红的电商渠道销售额已经从总销量的40%下降到了20%，大卖场、便利店渠道的销售额则上升到了50%，黄飞红成为O2O模式的一个成功典范。

品牌融合

O2O重点解决的是同一品牌线上与线下融合的问题，而不是不同品牌线上与线下融合的问题。

O2O模式关注的核心问题是同一品牌的价值如何实现最大化，如果面临的是不同的品牌，就是每个品牌如何通过O2O来实现各自品牌价值最大化的问题。

对于目前不少企业专门针对线上渠道推出独立品牌的做法，我们并不认为这就是O2O，因为从本质上讲，这种做法并不能解决品牌线上与线下有机融合的问题，只是回避了这个问题。比如，以纯品牌在发展电商业务不成功之后，于2013年1月关闭天猫旗舰店，并全线退出京东等电商平台，同时推出了一个全新的线上渠道，专供子品牌A21来发展电商业务，以纯品牌只专注于实体渠道。对于这种情况，我们只能说以纯这个企业在同时运作线上和线下市场，但是以纯这个品牌并没有实现O2O。

罗莱之前推出过一个专门针对线上渠道的电商品牌LOVO，但是并没有解决罗莱品牌的O2O问题。2013年，罗莱品牌决定采取线上与线下同价的方式拉开O2O转型的大幕，理由在于罗莱品牌在线上和线下的消费者有高达90%是重叠的，不同价只会导致左右手互搏，同价则可以维护罗莱品牌的价值，并且避免给线下实体加盟商带来损失。因此，罗莱品牌减少了在线上打折的力度，力求通过同款同价、同质同价来维持线上和线下罗莱品牌价值的平衡，这才是真正意义上的O2O模式。

作为一个商业模式，O2O其实是一个生态系统，这个系统中还包含了不同的子商业模式。例如，对于线下渠道的运营，企业往往采取的是通过渠道商进行分销的商业模式；在线上，企业则需要采取建立自有品牌官方旗舰店进行直销的商业模式。这两种商业模式之间有着本质的不同。对于O2O模式而言，企业至少需要构建一个能够兼容实体渠道分销和线上渠道直销的商业模式，能够将不同渠道的业务模式彻底打通，否则O2O模式内部必定矛盾重重，最终导致O2O模式的失败。

资料来源　佚名. O2O的内涵与本质 [J]. 销售与市场：管理版，2014（10）.

问题：请结合上述案例材料，谈谈O2O模式的前景。

____

____

效果评价

教师和小组成员共同对实训效果进行评价。个人最终成绩由两部分组成：一部分是个人表现情况，首先在小组内部评出每位成员的个人成绩，然后由教师进行评分，最后求平均分，见表2-17；另一部分是小组表现情况，由教师进行综合评分，见表2-18。个人最终成绩的公式如下：

个人最终成绩 =80%× 个人表现情况的成绩 +20%× 小组表现情况的成绩

表2-17　　小组成员个人表现情况评分表

姓名：

评分标准	分值	小组评分	教师评分	平均分
专业知识储备	20分			
知识运用能力	20分			
语言表达能力	20分			
整体职业素养	20分			
团队合作意识	20分			
备注				

表2-18　　小组表现情况评分表

小组成员：

评分标准	分值	教师评分
每个环节内容填写的认真程度	50分	
案例分析讨论情况	20分	
小组整体课堂表现	30分	
备注		

模块二　渠道运营与管理任务

实训项目三　渠道终端开发与管理
实训项目四　渠道成员组织与管理
实训项目五　渠道评估与渠道创新

实训项目三
渠道终端开发与管理

实训任务

在完成了实训项目一和实训项目二后，接下来就要将产品铺入渠道。将产品铺入渠道有三种方式：第一种是把产品配送到不直接接触消费者的经销商手中；第二种是把产品配送到直接接触消费者的零售商手中，也就是所谓的终端；第三种是直接把产品销售给最终消费者。为了便于学生获取信息以及提高实训的可操作性，本次实训选择第二种方式，实训任务是请同学们把企业生产的产品在某大卖场渠道终端流通起来。

实训目标

1. 了解终端拜访的基本步骤。
2. 了解销售条款的基本内容。
3. 学会终端铺货及陈列技巧。
4. 了解催收应收账款的方法。

实训要求

1.分组训练。本实训项目包括两类角色：一类是生产企业业务员；另一类是某大卖场负责人。每5名同学为一组，每两组之间进行实训，一方为生产企业业务员A组，另一方为大卖场负责人B组。A组成员在拜访、谈判、铺货、陈列、收回货款五个环节分别担任业务员与大卖场相应负责人员（B组成员）进行实训。

2.模拟操作。模拟实际的商务环境，进行实训。

3.团队合作。小组内的成员要互相帮助，以提高本小组的综合成绩。

实训操作

“渠道为王，终端制胜。”在渠道扁平化的大趋势下，终端的表现尤为受到渠道经理们的重视，终端的形象才是形象，终端的销量才是销量，终端的服务才是服务。那么，应该如何开发与管理终端呢？本实训项目将针对大卖场展开，请各组同学按照图3-1的操作步骤进行实训。

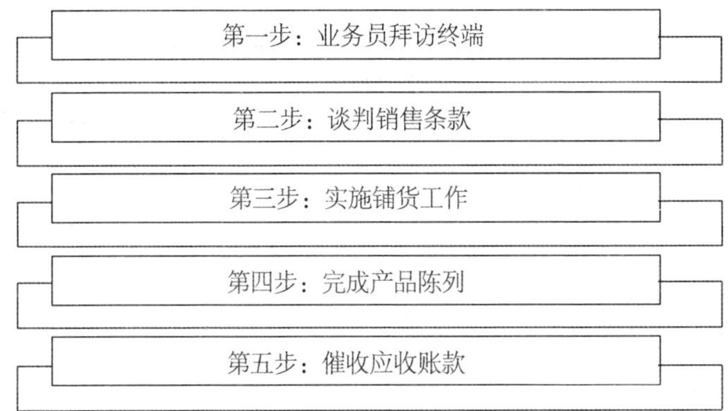

图3-1　渠道终端开发与管理操作步骤

第一步：业务员拜访终端

对终端的开发与管理，要从对终端的拜访开始。业务员初次拜访终端客户，首先要做到“有备而去”，这样才能临阵不乱。本实训的情景是A组生产企业业务员初次拜访B组大卖场负责人，关系处于开发阶段，扮演业务员的同学可以按照以下提示，一步步进入拜访环节。

一、资料准备

A组扮演业务员的同学参考表3-1，在已经准备好的资料后面打“√”，将还需要准备的资料填写在“备注”栏。

二、自我准备

A组扮演业务员的同学参考表3-2，对需要完成的前期工作逐项实施。

表3-1　　　　　**拜访前的资料准备情况**

<table>
<tr><th>类别</th><th colspan="2">准备情况</th><th>备注</th></tr>
<tr><td rowspan="3">生产企业方面资料</td><td>企业及业务员资料</td><td>企业宣传资料（　）
业务员名片（　）
人员电话簿（　）</td><td rowspan="3"></td></tr>
<tr><td>产品资料</td><td>产品介绍（　）
产品渠道策略（　）
产品促销策略（　）
相关竞品在卖场的资料（　）</td></tr>
<tr><td>实物资料</td><td>试用品（　）
宣传海报（　）</td></tr>
<tr><td rowspan="2">大卖场方面资料</td><td>大卖场资料</td><td>大卖场介绍（　）
大卖场调研资料（　）</td><td rowspan="2"></td></tr>
<tr><td>主管资料</td><td>大卖场产品负责人资料（　）</td></tr>
</table>

三、开场寒暄

A组扮演业务员的同学与B组扮演大卖场负责人的同学按照约定的时间和地点见面交流。

（一）设计开场白

（二）自我介绍

表3-2 **自我准备情况**

需要完成的前期工作	准备情况
外在形象自查： 业务员是企业的“形象大使”，业务员在客户面前展现出整齐统一的外在形象、良好的精神状态，能够使客户感到心情愉悦	
知识准备： · 你是否已准备好与产品相关的专业知识 · 你是否对自己产品的所有情况了如指掌，以待回答对方的一些询问	
路线准备： · 你计划拜访几位客户 · 你是否制定了相应的拜访路线	
时间准备： 你是否已经安排好拜访时间	
电话预约： 你是否已经与对方进行电话预约	

（三）过渡语

____

____

四、渐入主题

A组扮演业务员的同学与B组扮演大卖场负责人的同学经过寒暄之后言归正传，进行核心问题的深度交流。

（一）说明来意

____

____

（二）对方回应

____

____

（三）切磋

____

____

五、谈话总结

每一次谈话，双方都要对谈话内容进行总结与核实，以免产生误解。

（一）已经达成的共识

____

____

（二）哪些方面还存在分歧

____

____

（三）与对方再确认一下此次谈话的主要内容

____

____

六、结束

按照事先约定好的时间高效完成谈话任务是一次较为理想的拜访，但是有些事情需要反复沟通，这就需要双方在谈话结束之际安排好下次拜访事宜。

（一）明确下次拜访的时间和相关事宜

____

____

（二）结束拜访

____

____

（三）汇报拜访的阶段性成果

拜访客户后要及时对整个拜访过程进行记录，以备下次拜访时查阅。请A组扮演业务员的同学根据对大卖场负责人的拜访情况填写表3-3。

表3-3　**客户拜访情况汇总表**

拜访时间：	拜访地点：	拜访路线：
拜访对象：		
拜访目标：		
谈话进展：		
争议事项：		
下次目标：		
业务员：		

七、案例学习

中小终端拜访标准八步骤

第一步，店外准备：整理服装，看客户卡，熟悉老板姓名，反思店内工作绩效目标

“整理服装”不用多说，只有你的形象能被客户接受，客户才能接受你的产品；“看客户卡，熟悉老板姓名”也很简单，进门能叫出“张健老板”和进门叫“嗨”，效果自然不一样；“反思店内工作绩效目标”这一步就复杂了，笼统地讲就是你在进门前要思考来这个店里你要做什么，思考针对这个店的店内工作目标。

1.进店前看客户档案卡，思考这个店内的销售状况是否异常

如果你发现有关品项A前面4次拜访登记的库存都是5箱，这意味着什么？这意味着A滞销，一直都没卖出去，那么你进店以后要重点关注A的生产日期、调换不良日期产品、把A摆在货架前面优先销售、A卖不动的原因等问题。

2.进店前看客户登记卡上的品项记录，思考此店的品项结构改善目标

业务代表每次拜访终端，都要对店内本公司重点产品的库存进行统计，或者对有货品项进行登记。

3.进店前思考陈列机会

还没进店呢，在店门口能琢磨什么陈列机会？

（1）陈列政策下单。

首先看看这个店是不是陈列奖励的目标店，如果是，就思考此店是否可以利用公司的陈列政策下订单。比如，公司规定门口陈列20箱一个月，月底奖励1箱。业务代表进门后就可以要求店主：“我们公司打算搞一个陈列奖励，陈列20箱送1箱，你店里只有16箱库存，这次最好再进10箱货，这样才能达到20箱陈列标准，多出的部分

可以卖。”

(2) 户外陈列机会。

如果这个店有一个大橱窗正对着马路，那么你就要思考：我进门后能不能争取让店老板在橱窗上帮我们做陈列？这样从外面一眼就能看见，效果非常好。

4.进店前思考异常价格管理工作目标

如果上次拜访时发现这个店把我们零售指导价为4元的产品卖了3元，这次就可以提醒自己进门看看标价对不对，不对的话赶紧与老板交涉。

5.进店前思考促销落地工作目标

对于公司的终端促销活动，业务代表在终端肯定有落地动作。比如，进门前想一想在促销方面我可以做什么工作：如果最近在召集订货会，那么我进店后就要发邀请函；如果最近在搞捆赠，那么我进店后就要把赠品摆出来，将促销海报贴出来；如果最近在搞“再来一瓶”中奖活动，那么我进店后就要兑换老板手里的瓶盖，还要把“再来一瓶”活动告知海报贴出来……

6.进店前思考服务工作目标

业务代表进店前要看客户档案卡，看上次终端有没有提什么要求，如希望调换日期陈旧残品、投诉隔壁店砸价等，还要思考本次拜访怎么解决这些问题。进店后主动向店主汇报，比让店主问你，然后慌乱地推托，效果好得多。

第二步，户外工作：检查户外广告，优售优陈

“检查户外广告”是什么意思？就是在店外进行本品

的海报布置，直白一点讲就是“撕掉别人的海报，贴上自己的海报”。

“优售优陈”是什么意思？就是海报不但要有数量，还要花心思提升质量。店内主推什么产品和活动，店外的海报必须和店内活动保持一致；否则，店内主推的是新产品A，店外张贴的却是老产品B的海报，就无法形成合力，也不能推动销售。

第三步，进店：打招呼，自我介绍，运用破冰模型赢得沟通机会

破冰模型的主题思想：不要一进门就卖货，只有先用服务破冰，才有沟通机会，进而建立信任、建立客情，销售自然水到渠成。

用态度“破冰”：自报家门，你是来拜访的，不是来卖货的。见机行事，如果老板在忙，就先别打扰招人嫌，要么帮老板干点活（如老板在搬货，这时你可以帮忙搬搬货），要么说“您先忙，我看看我的产品，不打扰您”。

用产品“破冰”：如果店主听到他店里的几种产品都是你公司的，你们之间的关系就会拉近很多。

用熟人关系“破冰”：店主一听你和送货的经销商很熟，马上就会换个态度。

用广宣品“破冰”：强调你今天来是为了送一些宣传品。

用询问客诉和回访服务质量“破冰”：如果店主听到有人上门来处理遗留问题，肯定当你是朋友，不是推销员。

用处理客诉/警示不良品（如帮他调换）和异常价格（如告诉店主有两个五联包的价格比周围几个店的价格低了，可适当调高多赚点）“破冰”。

用服务流程“破冰”：强调你是来服务的，如“我们不是单纯卖货的，从今天开始，我们公司会对终端客户进行有规律的定期拜访，以后大约一周来一次。您有任何服务上的问题可以随时投诉，我们立刻解决”。

第四步，店内检查：确定店内工作目标和增量机会

现在我们进了店，跟老板打了招呼，运用破冰模型赢得了沟通机会，接下来要开始卖货了吗？要做店内陈列了吗？不对，我们要谋定而后动，要先在店内认真检查一遍，看看能做什么，然后动手。

1.有货品项打钩是否有错漏

店外看不到产品陈列，店内可以看到。所以，你进店后首先要看看上次在客户卡上登记的“店内有货品项要打钩”处有没有错漏。

2.运用品项分析模型

店外看不到竞品的品项和陈列，店内可以看到。所以，你在店内可以使用品项分析模型来说服店主：

（1）“从您店里的产品功能和周围消费群的需求上分析，您店里缺我这个产品。”

（2）“您店里缺少这个价格带的产品。您店里的产品在某品类/某价格带的品种不足，需要补充。”

（3）“我拿我们公司最畅销的品种给您试一下；您店里的畅销品的销售机会要想实现最大化，就要成系列，所以您还需要进畅销品的关联品种（如男士SOD蜜卖得不错，就可以考虑再增加男士护手霜）和畅销品的新规格（不同包装形式和容量）。”

（4）“××的产品在您店里所占比例太大，对您不利，您进我们公司的产品就可以平衡一下供应商结构。”

3.店内陈列机会

进店前在店外反思的是“店外陈列机会”；进店后看着店里的货架和环境，可以反思“店内陈列机会”。

4.利润对比

店外看不到竞品价格，也没有和老板交谈了解竞品的进货价格和促销信息；进店后可以观察竞品价格，了解竞品的终端铺货价格和政策，对比看看本品在终端利润空间上有没有输给竞品，是否需要通过价格调整和促销回击来提升销量。

5.库存管理

进店前看不到本品和竞品的实际库存，进店后可以实地观测到本品和竞品的实际库存。如果发现本品断货或断品项、低于安全库存，就要思考订单机会；如果发现店内存储方法存在问题（如防潮、堆高、冰柜清洁等），要思考改善方案；如果发现不良品，要立刻调换新货，予以处理。

第五步：根据前几步反思的店内店外工作机会，动手实施

终端业务代表的责任不仅仅是卖货，只会骑自行车到终端店门口问“要货不”，这样的业务员文盲也能干。终端业务代表还要应用“店内店外工作内容反思模型”寻找店内店外工作机会，然后动手落实：有针对性地建立并完善客户资料；推销新品种，改善品项结构；及时管理异常价格；展示赠品，张贴促销海报，保证终端促销执行；及时告知终端销售政策、产品信息、利润信息；及时处理终端客诉，兑现公司的服务承诺；及时管理终端的安全库存、优势库存、不良品等。

第六步：运用推销模型，提出合理订单建议

前五步做到位了，这个店应该上什么品种、拿多少订单，就已经水到渠成了。如果店主还是比较犹豫，业务代表就需要进一步推销。终端推销的方法千千万万，大体上也离不开以下几个推销方法：

(1)“我卖给你的是你店里缺的产品”，进行品项结构分析、安全库存分析。

(2) 千方百计讲好利润故事。

(3) 帮客户建立“肯定不会赔钱”的安全感，分析产品在这个店内的销售机会，利用从众心理进行推销。

(4)“又笨又有效”的终端推销方法。

(5) 终端推销组合拳阵法。

第七步：了解市场动态，产品和政策信息告知

经过前六步，店内店外的工作机会已经落实了，订单已经拿到了，接下来就是收尾工作：信息沟通，收集市场动态信息，了解店方对公司产品、价格、政策的抱怨和建议，同时要把公司的信息政策告知终端老板。

应该告知终端老板什么信息呢？告知产品的利润信息

（如新产品利润高），激发终端老板推荐本品的意愿；告知产品的卖点信息，帮助终端老板更专业地向消费者推销；告知产品的促销信息（如本品目前有“再来一瓶”的中奖活动），为终端老板的推销工作提供助力。

第八步：再次确认订货量，约定下次拜访时间，争取二次拜访，反思绩效，道谢出门

为什么要“再次确认订货量”？因为有时候业务代表拿了订单，第二天司机送货上门的时候，终端老板可能会反悔，“我没要这个货呀”或者“我老婆要的货吧，她不在我做不了主”。为了减少类似事件发生的概率，业务代表最好再次确认订货量，如“您是要10箱可乐、15箱雪碧、1箱果粒橙，对吗？我把订单写好了，麻烦您签字”。

资料来源　魏庆．中小终端拜访标准八步骤［EB/OL］．［2011-12-01］．http：//www.cmmo.cn/article-71812-1.html.

问题：通过对上述案例材料的学习，请同学们思考如何才能完成一次成功的终端拜访工作。

____

____

第二步：谈判销售条款

一、谈判销售条款介绍

销售条款的主要内容包括价格和数量条款、包装条款、配送条款、费用条款、结算条款、违约处理等，只有这些条款达成一致，产品才能顺利摆上货架。本步骤“案例学习”中的蓝月亮洗护用品就是因为与卖场在部分销售条款方面没有谈拢，最终放弃了该卖场，开发了自己的互联网渠道。接下来请A组扮演业务员的同学与B组扮演大卖场负责人的同学就销售条款逐项进行谈判，并在表3-4中记录谈判成果。

表3-4　　**销售条款谈判情况汇总表**

<table>
<tr><td>项目</td><td colspan="4">具体内容</td></tr>
<tr><td rowspan="5">价格和数量条款</td><td>型号</td><td>价格</td><td>数量</td><td>合计</td></tr>
<tr><td></td><td></td><td></td><td></td></tr>
<tr><td></td><td></td><td></td><td></td></tr>
<tr><td>⋮</td><td></td><td></td><td></td></tr>
<tr><td colspan="4">总金额：</td></tr>
<tr><td rowspan="2">包装条款</td><td colspan="4">包装说明：</td></tr>
<tr><td colspan="4">包装要求：</td></tr>
<tr><td rowspan="2">配送条款</td><td colspan="4">交货地点：</td></tr>
<tr><td colspan="4">交货方式：</td></tr>
<tr><td rowspan="5">费用条款</td><td colspan="4">上架费：</td></tr>
<tr><td colspan="4">广告费：</td></tr>
<tr><td colspan="4">促销费：</td></tr>
<tr><td colspan="4">年节费：</td></tr>
<tr><td colspan="4">其他费用：</td></tr>
<tr><td rowspan="3">结算条款</td><td colspan="4">付款方式：</td></tr>
<tr><td colspan="4">付款期限：</td></tr>
<tr><td colspan="4">结算方式：</td></tr>
<tr><td rowspan="3">违约处理</td><td colspan="4">产品质量违约：</td></tr>
<tr><td colspan="4">交货期违约：</td></tr>
<tr><td colspan="4">付款期违约：</td></tr>
</table>

二、案例学习

蓝月亮、威露士与卖场割舍之由

排名第一和第二的两家洗涤品牌——蓝月亮和威露士都在自建电商渠道，试图摆脱对KA系统（以大型商超为主的渠道）的依赖。

最早在超市系统下架的是蓝月亮。距2015年6月被全国大润发系统下架一个月后，蓝月亮又被全国家乐福系统下架了。据《化妆品报》2015年7月28日报道，济南、北京的家乐福系统都已接到蓝月亮全面下架的通知。家乐福相关负责人表示，家乐福总部和蓝月亮的合作合同已经终止，在全国家乐福系统销售的蓝月亮品牌近期将陆续下架。

对于与各大KA系统的矛盾，蓝月亮回复外界探询的口径相当一致："蓝月亮正在与卖场探讨新的合作方式，目前还处于磨合期，若您需要蓝月亮的产品，可以到附近一些还在合作中的超市购买，或者到我们的天猫旗舰店购买，网上蓝月亮洗衣液一直在销售中。"

所谓新的合作方式，就是蓝月亮希望变货架陈列为专柜陈列，但这并不符合卖场对日化商品的陈列风格。更关键的是，蓝月亮希望自主定价。对此，超市无疑是不情愿的，因为这会让超市失去对商品价格的控制权，无法灵活调整与周边超市的售价差异，也不利于超市策划整体的促销活动。

事实上，蓝月亮是铁了心要向电商渠道转型了。目前在线下KA渠道，蓝月亮不断缩减费用，砍掉了地推和促销员的投入，完全依靠自然销售。蓝月亮要重点发展电商渠道，主推蓝月亮官方微信平台，也就是“月亮小屋”，其他线上主要销售平台还包括蓝月亮京东自营店、蓝月亮天猫旗舰店、微商渠道和App等。为了使线上（“月亮小屋”）下单的销售模式深入社区，蓝月亮正在线下大力寻找清洁顾问和招募“拯救人”。

据《化妆品报》报道，清洁顾问负责所辖区域蓝月亮产品的宣传、销售、配送等工作，销售和配送分别可以获得零售价8个点的提成。要成为清洁顾问，必须先交纳12 800元的保证金，同时要有个体经营执照，能够开具服务性发票。这在一定程度上节省了蓝月亮每年在促销人员上的投入，但与促销人员不同的是，双方是合作关系，而非雇佣关系。

名字古怪的“拯救人”，其实是蓝月亮公司招募的大批兼职大学生。经过蓝月亮总部的培训和教育后，“拯救人”向周围的亲朋好友以及学校同学推荐宣传蓝月亮产品，引导其在“月亮小屋”下单，销售同样可以获得零售价8个点的提成，配送则由负责该区域的月亮顾问进行。

这便需要解决配货商的问题。蓝月亮试图将其现有的代理商发展成为区域配货商，每个代理商负责配送一定区域线下网点和顾问的货物——这些网点就是“月亮小屋”，每个“月亮小屋”线下网点覆盖3 000人口。

要成为配送商，必须按照配送区域覆盖的人口数量，交纳一定的保证金，如北京、济南、青岛等城市按照2元/人收取，其他地区则按照1元/人的标准收取，配货商可以获得零售价5～7个点的提成。

“代理商转配货商”的进展并不顺利，因为“月亮小屋”的线下据点还未建立，各顾问又分布在各个小区，配送网点分散，从而加大了配送成本，很多代理商并未同意合作。北京某区域一代理商表示，自己抱着试水心态交完80万保证金，试运营了3周后，发现配送效果远未达到预期，已不愿继续合作。

尽管面临诸多不确定性和现实困难，但继蓝月亮之后，另一日化洗护品牌——威露士也开始尝试渠道转移了。据《南方都市报》报道，该公司正在考虑逐步降低对KA系统的依赖，并存在从华润万家等KA系统下架的可能性。

在已布局所有大电商平台的情况下，威露士近期新成立了“威露士之家”，开拓微商市场。威露士表示，全国将有上万家微小店开始售卖威露士的产品。

维恩咨询监测的11家网站的销售数据显示，2015年1—6月，洗衣液线上销售额为98 819.5万元，销量为3 318.9万件，销售额同比增长高达200%，前三个品牌分别为蓝月亮、威露士和奥妙。

转向能够获得更高收益的渠道是品牌商的天性。在商超渠道中，单个品牌往往因为话语权较弱导致驻店成本较高。如果洗涤品牌在商超渠道的运营成本太高，就有可能继续出现下一个日化品牌效仿蓝月亮和威露士。

资料来源　何丹琳. 蓝月亮和威露士都在闹下架　洗涤品牌要走电商渠道？[EB/OL]. [2015-07-30]. http://www.jiemian.com/article/340497.html.

问题：请同学们思考，蓝月亮、威露士与一些卖场为何不能继续合作。

____

____

第三步：实施铺货工作

一、实施铺货工作介绍

（一）制订铺货计划

业务员经过前期的拜访工作，以及多次与大卖场相关负责人对销售条款的谈判磋商，最终达成一致。接下来，业务员就要开始对大卖场进行铺货。为了使铺货工作高效、顺利地完成，需要制订铺货计划，这样铺货工作人员就能够有章可循。请A组扮演业务员的同学向B组扮演铺货工作人员的同学下达铺货计划，并填写表3-5。

表3-5　**铺货计划**

<table>
<tr><td colspan="2">客户名称：</td><td colspan="2">详细地址：</td><td colspan="2">联系人：</td></tr>
<tr><td colspan="2">联系方式：</td><td colspan="2">是否已电话确认：</td><td colspan="2">铺货路线：</td></tr>
<tr><td>产品型号</td><td colspan="2">数量</td><td colspan="2">单价</td><td>合计</td></tr>
<tr><td></td><td colspan="2"></td><td colspan="2"></td><td></td></tr>
<tr><td></td><td colspan="2"></td><td colspan="2"></td><td></td></tr>
<tr><td></td><td colspan="2"></td><td colspan="2"></td><td></td></tr>
<tr><td colspan="6">总金额：（大写）</td></tr>
<tr><td colspan="6">付款方式：</td></tr>
<tr><td colspan="6">实收货款：</td></tr>
<tr><td>铺货代表：</td><td colspan="2">铺货日期：</td><td colspan="3">铺货结果：</td></tr>
<tr><td colspan="6">备注：</td></tr>
</table>

（二）准备物料

请B组扮演铺货工作人员的同学在出发前，对表3-6中提醒的物料进行检查，并在已经准备好的物料后面打“√”。

表3-6 **物料准备单**

<table>
<tr><td>产品</td><td colspan="2">是否已清点（　　）</td></tr>
<tr><td>资料袋</td><td colspan="2">客户订单（　　）
铺货计划表（　　）
其他：________</td></tr>
<tr><td>促销品</td><td colspan="2">赠品（　　）
礼品（　　）
其他：________</td></tr>
<tr><td>广宣品</td><td colspan="2">条幅（　　）
海报（　　）
门头（　　）
其他：________</td></tr>
<tr><td>车辆</td><td colspan="2">车辆是否已经检查（　　）</td></tr>
<tr><td colspan="2">司机：</td><td>状态：是否已出车（　　）</td></tr>
<tr><td colspan="2">铺货代表：</td><td>日期：</td></tr>
<tr><td colspan="3">备注：</td></tr>
</table>

（三）现场铺货

1.进店前的仪容仪表准备

____

____

2.开场介绍

____

____

3.铺货与理货

（1）产品专业知识介绍。

____

____

（2）检查库存情况。

____

____

（3）检查货架情况。

____

____

4.行政作业

（1）A组扮演业务员的同学对促销品进行说明。（如果没有促销产品，就不需要填写）

____

____

（2）A组扮演业务员的同学协助B组扮演铺货工作人员的同学进行广宣品布置。（如果没有广宣品，不需要填写）

____

____

5.产品处理

（1）A组扮演业务员的同学对运输过程中的破损产品

进行处理。

____

____

（2）A组扮演业务员的同学对临期产品按照规定进行处理。

____

____

（四）结束铺货

铺货工作结束后，A组扮演业务员的同学需要及时对此次铺货工作进行记录及总结。B组扮演铺货工作人员的同学要按照实际铺货情况认真填写表3-7。

表3-7 **铺货记录**

<table>
<tr><td colspan="2">终端名称：</td><td colspan="3">详细地址：</td></tr>
<tr><td colspan="2">联系人：</td><td colspan="3">联系方式：</td></tr>
<tr><td colspan="2">铺货代表：</td><td colspan="3">联系方式：</td></tr>
<tr><td rowspan="5">铺货明细</td><td>产品型号</td><td>单价</td><td>数量</td><td>金额</td></tr>
<tr><td></td><td></td><td></td><td></td></tr>
<tr><td></td><td></td><td></td><td></td></tr>
<tr><td></td><td></td><td></td><td></td></tr>
<tr><td colspan="4">总金额：（大写）</td></tr>
<tr><td colspan="5">行政作业情况：</td></tr>
<tr><td colspan="5">不适销产品处理：</td></tr>
<tr><td colspan="2">终端代表签字：</td><td colspan="2">铺货代表签字：</td><td>铺货日期：</td></tr>
</table>

二、案例学习

终端铺销：不仅铺货，还要铺心

铺货历来被企业和商家所重视，通过有效的、适当范围的终端陈列，使消费者看得见产品，是实现销售的前提。经常会有商家不惜重金买断终端的铺货权，由此可见铺货的重要程度。如果将飞行比作销售，飞机进入跑道之前应该算是开发产品的“准备期”，而飞机助跑就应该算是铺货销售阶段（铺销）了。这个阶段已经有一些销售了，当然这是因“铺上货架”而自然实现的，产品能否形成大规模销售还是一个未知数。因此，这个阶段仅仅是准备和销售之间的衔接阶段。

铺货只是铺销的一半

大家知道，传统铺货或者有形铺货的一般流程是：产品首先从厂家出发到达经销商手中，再经过各级分销商到达终端零售店，最后到达消费者眼前。这个流程中的各环节可能都会出现各种变化，如直销铺货、扁平化分销铺货、会员制铺货、专卖店铺货、网络营销铺货、邮寄营销铺货、会议营销铺销、路演营销铺货等，铺货流程也可能有所不同。

很多人认为铺货就是铺销，这种理解其实并不完全。在营销流程的六销链法则中，铺销可以分为铺货和铺心两个方面的工作。

在传统铺货或者有形铺货的过程中，我们还需要做一项工作，那就是要把货铺到经销商、终端、消费者甚至业务（或服务）相关者的心中，解决如何与利益相关者特别是消费者之间的沟通问题，即“铺心”。或者说，“铺心”就是将产品或者服务作为一种载体，使铺货过程人性化，通过情感、规范以及利益三种驱动手段，达到将货销售出去或者使品牌形象建立起来的效果。

有人认为，铺心不就是与消费者沟通吗？这应该是动销环节的事情。实际上，不论是铺货还是铺心，总体来说都是一个静态的销售工作。所谓静态销售，是指当产品放在货架上的时候，消费者在众多商品中一眼就会被该产品的形象所吸引，从而产生销售的过程。

产品包装静态销售做得比较好的例子有：水井坊的产品包装将历史与文化的酒坊工艺结合得天衣无缝，并进行了现代化和国际化的演绎；酒鬼酒首创麻布袋装陶瓷瓶，极致地演绎了一个无上妙品的酒鬼境界；舍得酒的产品包装体现了中国传统文化中的中庸思想，舍与得的哲学文化表现在整个产品的内外，阴阳的对比色块将舍得的品牌定位精准对接到舍与得的智慧上。这几款高品位白酒产品，在货架静态销售的竞争中尤为抢眼。

如何实现铺心

第一步：洞察和分析铺货渠道各环节的需求（这个工作往往与铺货工作同时展开）。

不同的销售渠道环节，其需求是不一样的。比如，经销商最贴近厂家，其需求更多地体现在能够与时俱进，更快地获得提升和发展方面；分销商作为承上启下的“中间”商，较多地关注自身的实际利益及既得利润；终端商作为渠道的末端，更关心的是销售该产品有无风险，赚钱是否有保障；消费者则要求所购买的产品物美价廉，注重产品的性价比和实际价值等。

第二步：根据销售渠道各环节的需求，采取不同的方式予以满足。

对于经销商，要向其阐明铺货的意义：①积极铺货可以提升产品的铺货率，增加产品的销售量，扩大产品的毛利额。②积极铺货可以获得厂家多方面的市场支持，如培训支持、操作技巧支持、政策支持等，可以“跟”着厂家的经营思路，同步获得发展。③积极铺货可以提升产品的品牌知名度，进而有效提高经销商的知名度、美誉度，以及在行业中的影响力和地位等。

对于分销商，要向其讲明积极推介该产品的种种好处。比如，厂家多种形式的促销和返利可以使分销商获得更高的利润，严格的区域保护政策可以使分销商放心销售等。

对于终端商，除了常规的促销手段外，还要解除其销售的心理障碍，如产品包退包换、推广无风险经营、利润保证等。

第三步：注重客情营销，关注铺货细节。铺货既要满足和挖掘各渠道环节的潜在需求，也要关注过程，实施情感营销和关系营销。

建立健全各级经销商档案，定期回访铺货客户。通过意见征询，解决客户的问题，拉近与渠道各成员的距离，达到“经商不言商”的最终目的。

从交易营销向关系营销转变。比如，实施战略联销体或者合作伙伴，不仅指导经销商如何更好、更有效地铺货，使其产品进一步分流，还协助终端商通过举行买赠促销、免费品尝等活动，实现产品的价值。

铺货管理规范化，强化服务功能。在这个抢速度、重效率的时代，有效铺货必须注重日常细节的规范有序。

标准陈列要做好。在部分效益较好、规模较大的终端采用标准的陈列方式，给终端消费者造成强烈的视觉冲击。

门头、灯箱包装也很重要。安装有明显企业和产品特征的统一风格的终端门头（招牌）、灯箱，在视觉上造成较高的“消费者见面率”。如果成功地制造了较高的“消费者见面率”，随之而来的就是终端静态销售力明显增强，终端老板积极性越发高涨，进而为后期动销打下了良好的基础。

资料来源　宁立新. 终端铺销：不仅铺货，还要铺心［EB/OL］.［2014-08-21］. http://www.yingxiao360.com/htm/2014821/12483.htm.

问题：结合上述案例材料，请同学们分析如何才能顺利完成铺货工作。

____

____

第四步：完成产品陈列

一、完成产品陈列介绍

请各组同学对学校或住所周边的销售终端进行观察、拍照，分析其产品陈列是否符合陈列原则。

（一）走访统计

走访结束后，各组同学需要整理所获得的一手资料，并填写表3-8。

表3-8　**终端产品陈列情况统计**

终端类型	具体名称	产品类型	陈列印象	主要问题
便利店				
校园店				
社区店				
车站店				
大卖场				
购物中心				
⋮				

总结：

（二）课堂演示

各小组分别推选1名同学，把本小组的走访调研成果在课堂上进行展示。

要求如下：

第一，走访调研成果以PPT的形式进行介绍，每组10分钟。

第二，内容包括指明陈列问题，提出改进建议等。

第三，讲解时声音洪亮、表达清楚，展示的材料要真实。

第四，讲解手段、形式多样化，图片或视频都可以。

第五，其他同学认真倾听，讲解结束后进行讨论。

二、案例学习

终端陈列的九字方针、十八般陈列法则

九字方针

1.“量”

“量”作为陈列的首要原则来说，自然有其重要的意义。俗话说：“货卖堆山。”意思是说，商品陈列要有量感，这样才能引起顾客的注意与兴趣；同时，量感陈列也是门店形象生动化的一个重要条件。

2.“集”

“集”是指同类别的商品要集中陈列在邻近的货架或位置上。集中陈列也是量感陈列的体现，顾客能够更容易地找到自己所需要的品牌或品种。

3.“易”

“易”是指易拿、易取、易还原。再美观、大气的陈列（堆码），若顾客拿取商品不方便，或者拿后放回去极为麻烦，也无法起到促进销售的目的。

4.“齐”

“齐”是指陈列时尽量保证一个品牌或系列的商品配套齐全，这样才能让顾客有更大的选择余地，在陈列上也能体现整齐、美观的效果。

5. “洁”

“洁”是指卫生、整洁，这是顾客对商品陈列乃至整个卖场环境的一个要求。卖场人员在陈列商品的同时，要及时清理商品及货架或堆码位置的卫生，以体现商品的新鲜度。

6. “联”

很多商品在顾客心中都是有关联性的。当顾客购买某一样商品时，他会需要与之相关的其他商品来配套，或者经过卖场人员的精心安排，顾客会发现买了甲商品再加件乙商品会是个不错的搭配。因此，将关联的商品陈列在一起就显得很有必要，如牙膏与牙刷、茶具与茶叶、垃圾篓与垃圾袋等。

7. “时”

“时”是指商品陈列时要注意商品的保质时间与有效期等问题。卖场人员要遵循“先进先出”的陈列原则，当货架上陈列在前排的商品被顾客拿空后，补货人员应该先将后排的商品推到前排，然后将生产日期新鲜的商品补到后排空处。

8. “亮”

“亮”是指商品要尽量摆放在光线较好、视觉效果好、亮度足够的位置上，以保证商品的易见易找。

9. “色”

很多顾客在卖场购物属于冲动型购买，而激起顾客冲动购买欲望的因素除了价格、品种、量感等，还有商品外包装的美观及视觉上的冲击。因此，卖场人员应注意各种商品陈列时的色彩搭配，做到冷暖色调组合适宜，避免同种色彩的不同商品集中陈列，以免造成顾客视觉上的混淆，包装雷同的商品更要注意区分开来。

十八般陈列法则

1.保持整洁

·保证所陈列商品整齐、清洁、无破损；

·保证货架清洁、无破损、无锈迹等；

·保证价格牌整齐、清洁、无破损；

·保证助销品（如货架贴、POP、跳跳卡等）整齐、清洁、无破损。

2.及时调换破损产品

破损产品不会再产生销量，而且会影响企业及品牌的形象，必须及时调换。

3.商标朝外

商标必须统一正面朝向消费者，产品不平放、不侧放、不倒立，达到整齐划一、美观醒目的展示效果。

4.上小下大，上轻下重

将重的、大的商品摆在下面，将小的、轻的商品摆在上面，这既是安全的需要，便于消费者拿取，也符合使人们的审美习惯。另外，如果货架太高（如2米），最上层货架实际上只能起到宣传作用，这时可使用外箱、手提袋抢占位置，展示形象。

5.先进先出

先进先出是仓库管理的基本法则，在商超货架上也有这个概念，按出厂日期将先出厂的产品放在最外面，最近出厂的产品放在里面，避免出现即期品。

6.价格醒目

价格牌必须标示准确、清楚、醒目。可与同类产品进行价格比较，以增强产品陈列的宣传效果。在促销时，促销价格牌必须清楚标示原价、现价以及降价的原因。任何时候都不得犯以下五种错误：

· 找不到价格标识；
· 价格标识错误；
· 价格标识放置错位；
· 新旧价格牌重叠；
· 促销区价格牌与正常货架价格牌的价格不一致。

7.陈列饱满

要将自己的商品摆满陈列架，以提高商品展示的饱满度和可见度。消费者一般认为，货多一定是畅销品，而且满陈列可以防止陈列位置被竞品挤占。当货架库存不足以满陈列时，要把后面的产品向前移；货品实在不足时，也要用空箱、手提袋等占满排面。

理货员要及时统计货架的进销存流量，及时订货，确保货架的安全库存，避免产生断货现象。当然，陈列饱满并不是指在货架上陈列的商品越多越好，在保证货架陈列饱满且不断货的前提下，压货少一些并非坏事。

8.色彩对比鲜明

同一产品集中在一起，会形成“色块”陈列效果，同一色系的不同“色块”应尽量分开摆放，让顾客更容易分辨，从而达到突出显示的效果。

9.适得其所

最好销的产品应放在最好的位置上，最好的位置即单位面积销量（坪效）最大的位置，如货架区内人流走向的前1/4至1/2处且处于视平线高度与取货线高度之间的位置。

10.陈列面积最大

商品陈列要尽可能占据更大的陈列空间，进场的单品（SKU）要保证至少20厘米的排面宽度。有多大的陈列面积就有多大的销量，抓住消费者的"眼球"是激起消费者购买欲望的第一步。

11.紧邻主竞品

明星产品要和主要竞争产品放在一起，以突显产品特色。比如，有可口可乐的地方多半会有百事可乐。"物以类聚，人以群分"，你的产品经常和什么产品放在一起，长久以后，消费者就会认为这些都是一类产品；同时，你的主要竞争对手的消费群体也正好是你的目标消费群体，你可以借竞品的号召力为你引来顾客，再通过促销人员和促销活动成功拦截对手的顾客。

12.集中陈列

集中陈列包括品牌集中和品项集中。品牌集中是指在一种陈列形式下尽量将公司品牌的所有产品集中起来，并且将副品牌旗下的所有产品集中起来。品项集中是指要将不同副品牌旗下的产品分别按照不同产品规格（如包装形式、包装重量）、不同口味集中。显而易见，产品集中起来更容易造气势，展示效果也更好。

13.突出陈列

将重点品项放在最突出的位置，保持最优的顺序，安排最大的排面，做到主次分明，体现产品的主次结构，让顾客一目了然。因为重点产品是可以体现公司良好市场形象的产品，也是销售最好的产品，所以必须将其突出展示给消费者。

14.垂直陈列

垂直陈列可分为完全垂直陈列和部分垂直陈列。完全垂直陈列是指一种品项或一个品牌的产品从最上层垂直摆放到最底层的货架；部分垂直陈列是指一种品项或一个品牌的产品按块状垂直摆放，只占据连续几层货架中的部分排面。在实际操作中，应尽可能按照部分垂直陈列的方式安排主货架陈列，先保证品牌的垂直陈列，再兼顾包装色彩（口味）与包装规格。

15.位置最佳

陈列区的不同位置与销量直接相关，正常货架应该争取最好的陈列位。购买特殊陈列位时千万不能只看价钱，测算投入产出比才是最科学的方法。同时，商品在卖场的陈列区域要相对固定（固定占位法则），这样老顾客容易找到。

16.动感陈列

陈列不能呆板，应有一定的生动性，以吸引消费者。比如，加上漂亮的货架贴、POP、跳跳卡、挂旗、吊盘等助销品，或者利用灯光、音响等营造氛围，或者在满陈列的基础上（如堆头）有意拿掉货架最外层陈列的几个产品，这样既有利于消费者拿取，又可显示产品良好的销售状况。

17. 多点陈列

多点陈列是指以不同的陈列形式在不同的陈列区域多样化地展示产品，这与集中陈列并不矛盾。比如，除正常货架陈列外，还有特殊陈列，如挂条、包柱、端头、堆头等。

18. 全品项统一性法则

全品项是指尽可能多地把一个公司的商品全品项分类陈列在一个正常货架上，这样既可以满足不同消费者的需求，增加销量，又可以提升公司形象，提高商品的影响力；统一性是指商品整体陈列的风格和基调要力求统一，助销品的形式也要力求统一。另外，全品项统一陈列仅针对货架陈列而言，特殊陈列往往针对某一品项或某一品牌，因此不在此列。

资料来源　佚名. 终端陈列有讲究，如何吸引消费者眼球并引导购买？[EB/OL]. [2016-05-29]. http://www.aiweibang.com/yuedu/120205152.html.

问题：通过对上述案例材料的学习，请同学们思考终端陈列的要点。

____

____

第五步：催收应收账款

一、催收应收账款介绍

应收账款的收回是渠道终端开发与管理工作顺利完成的重要条件。应收账款是业务员和大卖场负责人在谈判销售条款时产生的。应收账款能否顺利收回，一方面要考虑企业是否按照销售条款的规定履约，另一方面也是对业务员催账技巧的考验。本步骤重点考察同学们的催账技巧，具体活动方案如下：

（一）活动内容

对催收应收账款的谈判技巧进行练习。

（二）活动组织

活动地点为教室，A、B两组同学面对面做好。

（三）活动要求

第一，同学们在课前要对应收账款的定义、产生、处理方法及催收技巧进行学习。

第二，催收应收账款是基于前面四个步骤产生的，因此同学们在谈判前要对以上四个步骤的内容进行梳理。

第三，每两组的活动时间为15分钟。

第四，同学们在活动开始前要按照谈判的程序进行准备。

第五，活动进行时，小组内要有记录员，负责记录双方谈判的具体情况。

第六，活动结束后，完成表3-9的填写。

表3-9 **催收应收账款谈判活动**

小组成员：	组别：甲组□　乙组□	日期：
谈判内容：		
谈判策略：		
谈判过程：		
谈判结果：		

二、案例学习

销售工作中的账款管理

应收账款是伴随着企业销售行为的发生而形成的一项债权，其产生不可避免。作为企业资金管理的一项重要内容，应收账款管理直接影响着企业营运资金的周转和经济效益。因此，针对企业应收账款管理上可能存在的种种风险，结合企业自身的实际情况，建立应收账款的风险防范机制、从源头上化解应收账款风险已经刻不容缓。

对于应收账款的存在，企业应抱有正常的心态。应收账款是由赊销行为直接产生的，而赊销现象往往不是企业单方面努力所能避免的。这是因为：一方面，市场竞争越来越激烈，产品高度同质化，企业无法创造更多竞争优势，只能将赊销作为一种竞争手段；另一方面，某些行业赊销成风，不赊销就难以成交。

应收账款的存在有利有弊。它在促成与客户的长期合作关系、促进和扩大销售的同时，又给企业带来了无法预测的经营风险。因此，对应收账款进行科学、有效的管理，是企业必须具备的能力。

应收账款管理的一般原则

无论企业还是销售人员，都必须认识到应收账款管理的重要性，同时坚持应收账款管理的一般原则：

1.重视客户的信用调查

在合作关系即将确立之前，企业应通过多种方式调查客户的信用状况。对于信用状况较差的客户，企业要尽量避免赊销。

2.签订销售合同时对货款结算的周期、方式等进行详细的约定

在签订销售合同时，要具体约定货款结算的周期、方式等内容。若约定不清，势必会给今后合作过程中的账款管理带来障碍。

3.在企业内部建立严格的应收账款管理制度

制度是形成良好运营机制的基础，因此，企业必须建立专门的应收账款管理制度。

4.随时监控客户经营状况

企业应随时监控客户的经营状况。有时，客户的一些变化是其经营状况不良的信号，如从繁华地段迁移到偏僻地段，经营面积变小；高层管理人员频繁变动；公司财务部门经常聚集讨债人员等。一旦这些信号发出，企业就要果断采取应急措施，防止呆账、死账产生。

5.严格执行货款结算的相关约定，防止出现恶性循环

一旦合作关系确立，就要使双方严格执行货款结算的相关约定：约定压批付款的，就要在第二批货物交付的同时收回第一批货款；约定货款月结的，要在每月的约定日期收回货款，即使遇到特殊情况，也不能拖延过长时间，一般应控制在5天以内。一旦货款结算的执行情况发生松动，客户就会因为考虑合同执行存在弹性而争取更大的赊销额度，从而形成恶性循环，那时再想恢复良性循环就难了。

销售人员催款的一般技巧

1.催收货款要及时

一项研究证明：一笔有问题的欠款，在2个月内收回的可能性是100%，在100天内收回的可能性接近80%，在180天内收回的可能性是50%，超过12个月收回的可能性是20%。国外专业收款公司的调查研究也表明，货款拖欠时间与收回货款的成功率成反比。货款拖欠半年以内，是最佳的收回时机；货款拖欠1年以上，收回的成功率只有26.6%；货款拖欠超过2年的，收回的可能性只剩下13.6%。因此，催收货款一定要及时，不能从今天拖到明天，从明天拖到后天。

2.勤上门催收

对所有应收账款都要勤上门催收。如果销售人员自己都不将催收货款挂在心上，或一打发就了事，那么客户也不会十分重视，催收难度也会加大。

3.适度运用“死缠烂打”的策略

对于一些总是不好要钱的客户，要有一种不达目的不罢休的精神。不要让客户觉得你很好对付，不给钱你也没有办法。死缠烂打，有时候是一种很好的方法，当然要尽量不伤和气。

4.适当变通

有时候，客户欠款并非有意为之，而是迫不得已，如客户自身的账款管理出现问题，或经营出现困难。这个时候，你如果出手帮他一把，如帮他催收下游客户欠款，或者为他出谋划策提高经营业绩，都是很好的方法。

如何处理恶性欠款

一旦恶性欠款出现，就要果断采取措施：

第一，向客户下最后通牒，警告其若不回款就要采取相应措施。

第二，与客户的高层沟通，尽量争取本企业的货款给付排在前面，或争取行业主管部门的支持。

第三，诉诸法院。

企业对于恶性账款的催收，要有理、有节、有据，采取措施要果断、有力、坚决。

资料来源　刘蒙．销售工作中的账款管理［EB/OL］．［2010-09-13］．http：//www.emkt.com.cn/article/483/48395.html.

问题：通过对上述案例材料的学习，请同学们思考催款的技巧有哪些。

____

____

效果评价

教师和小组成员共同对实训效果进行评价。个人最终成绩由两部分组成：一部分是个人表现情况，首先在小组内部评出每位成员的个人成绩，然后由教师进行评分，最后求平均分，见表3-10；另一部分是小组表现情况，由教师进行综合评分，见表3-11。个人最终成绩的公式如下：

$$\text{个人最终成绩}=80\%\times\text{个人表现情况的成绩}+20\%\times\text{小组表现情况的成绩}$$

表3-10　**小组成员个人表现情况评分表**

姓名：

评分标准	分值	小组评分	教师评分	平均分
专业知识储备	20分			
知识运用能力	20分			
语言表达能力	20分			
整体职业素养	20分			
团队合作意识	20分			
备注				

表3-11　**小组表现情况评分表**

小组成员：

评分标准	分值	教师评分
每个环节内容填写的认真程度	50分	
案例分析讨论情况	20分	
小组整体课堂表现	30分	
备注		

实训项目四
渠道成员组织与管理

实训任务

在实训项目二中，我们完成了渠道成员的选择，接下来，各组同学还要对渠道成员进行管理：一是不断激励渠道成员，使其发挥更大的作用；二是把渠道成员间的冲突降到最低；三是对重点渠道成员进行重点培养与管理。

实训目标

1. 掌握渠道成员的激励方法。
2. 了解化解渠道成员冲突的对策。
3. 掌握培养忠诚渠道成员的策略。

实训要求

1. 分组实训。按照实训项目一的分组继续练习，保持原各组成员所负责的渠道模式不变，各组同学根据自己负责渠道模式的特殊性，制定相应的渠道成员管理策略。

2. 交回书面材料。每个小组分别交回一份渠道成员激励政策、一份渠道成员约束政策和一份忠诚渠道成员培养办法。

3.团队合作。

实训操作

第一，制定渠道成员激励政策，激发渠道成员的积极性；第二，制定渠道成员约束政策，对渠道成员的行为进行约束，减少渠道冲突；第三，制定忠诚渠道成员培养办法，忠诚的渠道成员是企业的重要资源，有助于维护渠道的稳定性，也能降低企业的营销成本和管理成本。本实训项目就是要对同学们的渠道成员组织与管理能力即上述三个方面的能力进行训练，请各组同学按照图4-1的操作步骤进行实训。

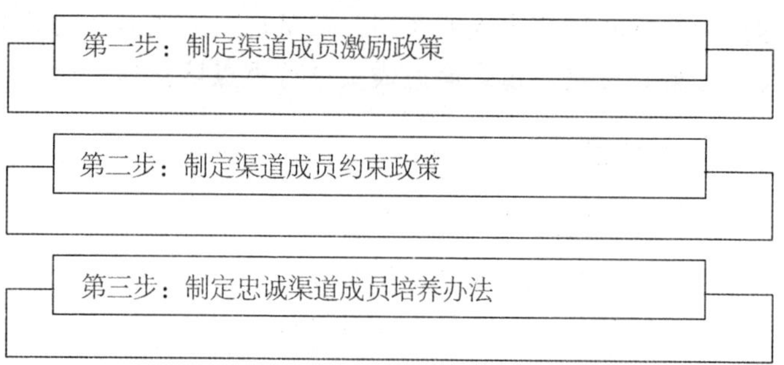

图4-1 渠道成员组织与管理操作步骤

第一步：制定渠道成员激励政策

一、激励渠道成员的手段

为了让渠道成员更好地响应生产企业的号召，更好地完成销售任务，企业需要采取一些激励手段。当然，对于不同的渠道成员，企业采用的激励手段也不同。

激励渠道成员的手段包括直接激励和间接激励，如图4-2所示，同学们也可以进行补充。

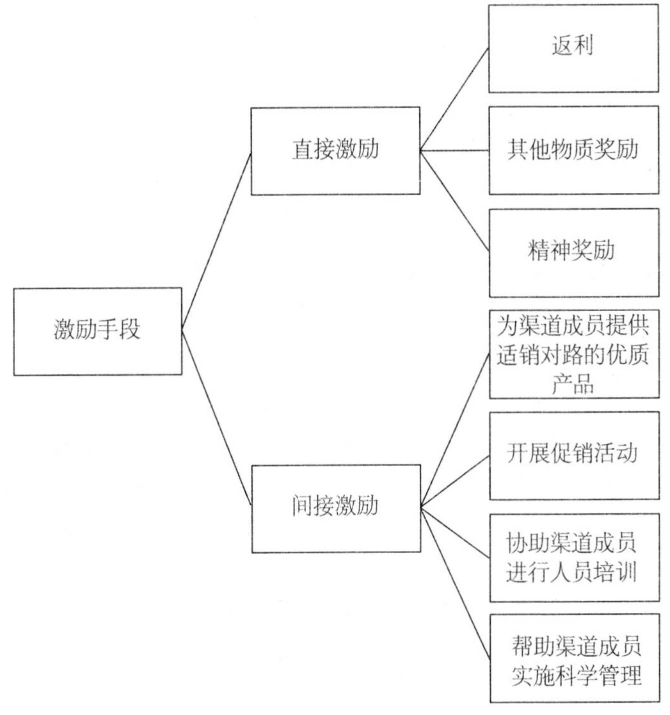

图4-2　激励渠道成员的手段

二、如何制定渠道成员激励政策

制定渠道成员激励政策的主要目的是促进渠道成员不

断开拓市场、提高销量，那么如何才能制定出有效的激励政策呢？这就需要各组同学在制定激励政策之前对各类渠道成员的需求进行分析。

（一）分析企业渠道成员的类型及需求

1.企业渠道成员类型汇总

____

____

2.分析企业渠道成员的需求

生产企业的激励政策必须能够满足渠道成员的需求，越是如此，激励效果越明显。企业渠道成员的需求大体可以分为五类，分别是利益需求、安全需求、权力需求、关系需求和成长需求。请各组同学认真分析企业渠道成员的需求，并填写表4-1。

（二）满足企业渠道成员的需求

在分析了不同渠道成员的需求后，请各组同学针对不同的需求采取不同的激励措施，以满足渠道成员的个性化需求。同学们可以参考本步骤提供的“案例学习”，然后填写表4-2。

三、完成渠道成员激励政策的制定

（一）各种激励手段的实施细则

在渠道成员激励政策中，不需要显示对渠道成员需求的分析，只需要说明渠道成员的类型和相应的奖励办法即可。奖励办法要详细，具有可操作性。请各组同学对表4-2中填写的满足不同成员需求的激励措施进行细化。以下只列明了三种激励方式，请同学们将其他激励方式填写

表4-1　　**分析各类渠道成员的需求**

需求类型	有此需求的渠道成员
利益需求： 渠道成员想要获得更多的利益	
安全需求： 渠道成员不愿意盲目铺货和压货，把货款安全放在第一位	
权力需求： 渠道成员想要获得产品的定价权、管理下游成员的权力等	
关系需求： 渠道成员渴望受到尊重以及重视等	
成长需求： 渠道成员希望自己有更大的发展空间	

表4-2　　**企业渠道成员需求满足情况**

渠道成员的类型	需求类型	满足需求的激励措施	备注

在“其他激励手段实施细则”一栏中。

1.返利政策的实施细则

（1）返利策略概述。

____

____

（2）返利的形式。

____

____

（3）返利的条件。

____

____

2.渠道成员培训的实施细则

（1）培训费用。

____

____

（2）培训事宜。

____

____

（3）参加培训的条件。

____

____

3.渠道成员晋级的实施细则

（1）成员级别分类。

____

____

（2）成员晋级的条件。

____

____

4.其他激励手段实施细则

____

____

（二）提交渠道成员激励政策

渠道成员激励政策包括三个方面的内容：一是渠道成员的类型；二是渠道成员激励方法的实施细则；三是政策实施时间。请各组同学按照以上要求，以word的形式提交小组制定出的渠道成员激励政策。

四、案例学习

如何激励经销商

在激励经销商方面，我总结给经销商四个词语，即名声、利润、情感、成长，这就是经销商最需要的。

1.名声激励经销商

经销商都希望自己的权力不要被削弱，给其名正言顺的经销权。所以，在和经销商沟通的过程中，我们力求满足经销商对名声的需要，保护其利益，尤其要将我们厂家在未来的市场政策方面的长远规划对其讲一讲。让经销商没有后顾之忧，一直给经销商一种梦想，这就是厂商战略联盟。

娃哈哈的联销体模式解决了经销商的名声问题，经销商没有了担心，就会好好做市场。

2.利润激励经销商

我们厂家在这方面能做的就是给予经销商更低的出厂价和更多的返利。厂家如何巧妙给政策？提几个建议供参考：

（1）逐步将政策给予经销商，不要将所有政策一下子给完。

（2）对于经销商要求的政策，要降低其期望值。

（3）给政策的同时，也要向经销商提出一些要求来交换。

例如，假设你是生产鞋的厂家，要对经销商进行返利促销，经销商进多少双鞋，就送多少双袜子。这些袜子经销商拿去就卖了，终端市场的消费者丝毫没有收到实惠，因此很难激发消费者的购买欲望。如果给终端消费者返利促销，买一双鞋送一双袜子，大家想想，消费者是否会被吸引呢？经销商的销量是否会增加呢？厂家的销量是否会增加呢？

3.情感激励经销商

（1）尊重。

沟通上尊重：谈话时尊重经销商，不要让经销商感觉厂家的业务人员像大爷一样。

礼仪上尊重：在一些社交场合，一定要把经销商当成老板来看待。不管经销商的礼仪如何，至少你不能因为他对你不好，你也对他不好，要把经销商放在比较尊重的位子上。

承诺上尊重：承诺就要做，不做就不要承诺。任何人都在乎别人给他的承诺，经销商也一样。如果厂家没有兑现承诺，经销商第一次可以容忍，第二次也可以算了，第三次就会有些不舒服，厂家与经销商的矛盾就这样在一次次不满意的影响下逐渐加深。

（2）问候。

在一些重要的节日进行问候，如经销商过生日、孩子金榜题名、结婚等，都是问候的最好时机。

问候的形式包括短信问候、电话问候、当面问候。

（3）表扬。

当经销商比别人做得好时，要及时提出表扬，不一定要花钱，一句问候、一句祝福、一个短信、一通电话，都可以起到很好的效果。

4.成长激励经销商

我们厂家也要适时对经销商进行培训。经销商不是不爱学习，而是需要激发学习兴趣；经销商不是不想做好，关键是不知道做好的方法。

（1）基础培训。

基础培训的内容包括：厂家的文化，厂家产品的知识；行业情况，竞争对手情况，消费者情况；销售的步骤和流程；经营思路。

（2）技能培训。

技能培训的内容包括：销售技能；员工管理技能；谈判技巧；终端管理技巧。

（3）战略培训。

战略培训的内容包括：引导经销商对自身进行合理定

位，制定与厂家更加吻合的发展战略；团队打造；样板市场参观考察；成立培训学院。

资料来源 江猛. 如何激励经销商［EB/OL］.［2012-05-25］. http：//www.boraid.cn/article/html/201/201012.asp.

问题：通过对上述案例材料的学习，请同学们思考经销商的需求有哪些，以及如何通过满足经销商的不同需求提高激励效果。

____

____

第二步：制定渠道成员约束政策

一、约束渠道成员的手段

为了规范渠道成员的行为，保证渠道所有成员的合理利益，解决渠道成员之间的冲突，企业需要制定一系列条款来约束渠道成员的市场销售行为。

图4-3是约束渠道成员常用的一些手段，请同学们结合实际工作经验或案例进行补充。

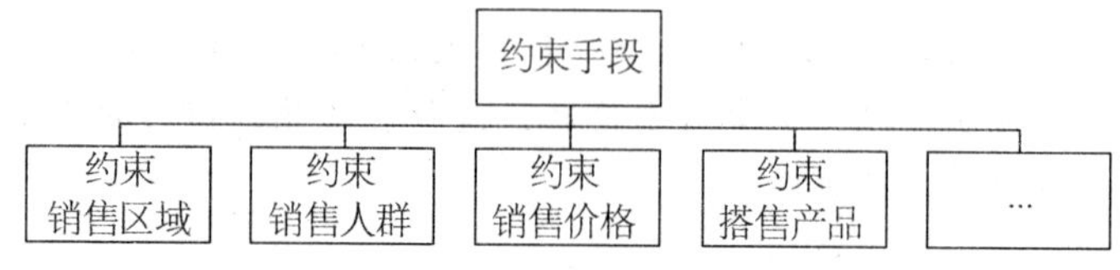

图4-3 约束渠道成员的手段

二、如何制定渠道成员约束政策

制定渠道成员约束政策的主要目的是规范渠道成员的行为，预防渠道成员之间发生冲突，那么如何才能制定出有效的约束政策呢？这就需要各组同学在制定约束政策之前对渠道成员之间的冲突进行分析，针对不同的冲突采取不同的约束手段。

（一）分析渠道成员之间的冲突

渠道主体是多种多样的，因此冲突的类型也有很多种，造成不同类型冲突的原因也是不同的。请同学们结合本步骤“案例学习”中的案例1，填写表4-3的部分内容。

表4-3　**渠道成员之间的冲突分析**

冲突的类型	冲突的表现	引起冲突的可能原因	相应的解决方法

（二）应对渠道成员之间的冲突

请同学们根据所学的知识，结合本步骤“案例学习”

中的案例2、案例3、案例4，对不同原因引起的冲突提出解决办法，利用一些约束手段对渠道成员的行为进行引导规范，完成表4-3的全部内容。

三、完成渠道成员约束政策的制定

（一）各种约束手段的实施细则

1.约束销售区域的实施细则

（1）明确不同级别市场的监督管理者。

____

____

（2）对销售区域的规定。

____

____

（3）违反规定后的处理办法。

____

____

2.约束销售价格的实施细则

（1）明确不同级别成员的监督管理者。

____

____

（2）对销售价格的规定。

____

____

（3）违反规定后的处理办法。

____

____

3.其他约束手段

____

____

（二）提交渠道成员约束政策

渠道成员约束政策包括三个方面的内容：一是冲突的主体及冲突的表现；二是解决不同类型主体间冲突的办法；三是各种解决办法的实施细则。请各组同学按照以上要求，以word的形式提交小组制定出的渠道成员约束政策。

四、案例学习

案例1

中国企业营销渠道冲突

1.中国企业营销渠道冲突的现状

中国企业营销渠道模式正处于从传统的分销模式向现代分销模式转变的过程中，但不少企业仍在运用传统的、粗放式的经验管理方式，尚无渠道网络和系统的概念，把企业渠道成员之间的关系视为一种短期利益关系，而非长期合作关系，从而使渠道冲突成为企业渠道关系中的一种普遍现象。其表现主要有两大类：一是分销商之间的冲突；二是企业与下游渠道成员之间的冲突。

首先，分销商之间的冲突主要表现为恶性的价格竞争和窜货。

进入20世纪90年代后期，尤其是最近几年，我国不少产品的市场竞争进入白热化状态，价格大战此起彼伏，许多原有的游戏规则被打破，开始了无序的价格战，表现为同一地区的多家代理商为了争夺客户或基于不同的库存压力而进行残酷的价格“搏杀”。分销商之间的价格竞争表现出来的是一种无序的市场竞争，它造成了极为严重的后果：增加了分销渠道的共同成本，使利润不正常，严重制约了品牌的成长、分销商的壮大和良好市场经济秩序的建立。

窜货作为当前企业营销渠道中存在的一个普遍现象，虽然有不同的类型，人们对之也有不同的认识，但从总体上来看，在我国市场上，目前大量的窜货已演变成恶性窜货，不少经销商为了获得非正常的利润，蓄意向自己辖区以外的市场倾销产品（即以低于厂家规定的销售价格向非辖区销货）。这种行为的危害表现为：降低了营销渠道的运行效率，导致企业渠道价格体系紊乱、渠道受阻，经销商对所经销的产品品牌丧失信心，甚至会使企业的营销渠道网络毁于一旦。

其次，企业与下游渠道成员之间的冲突主要表现为相关“利益”的冲突。具体表现为：分销商凭借自己所拥有的渠道资源优势，向企业讨价还价；“大户”称霸问题；许多下游渠道成员缺乏商业信用；企业对下游渠道成员的信任度和下游渠道成员对企业的忠诚度下降等。

2. 中国企业营销渠道冲突的成因

从企业所处的外部环境来看，冲突的产生首先是因为中国市场目前还处于转型市场阶段，而这个转型市场是一个不成熟的市场。与之相应的是政策多变，法规不健全，管理缺位；市场秩序混乱，侵权严重；商业信用低等。正是我国营销渠道环境的复杂性，为企业的渠道冲突提供了“沃土”。其次是因为渠道成员之间的力量正在发生变化。在计划经济时期，国内企业营销渠道基本上是一种以制造商为中心的传统渠道模式。在这种模式下，制造企业是渠道的领导者，中间商尽管拥有重要的渠道资源，也不得不处于从属地位。在市场转型时期，特别是在20世纪90年代后期，随着买方市场的形成，许多产业领域，如家电、服装等，都因生产能力过剩导致过度竞争。在此背景下，渠道权力中心呈现向渠道下游转移的趋势。因为分销商更接近市场，所以传统的制造商和分销商的关系正在发生变化，分销商逐渐显示出比制造商更大的成长性。在市场转型的过程中，完成了原始积累的渠道中间商由于拥有丰富的渠道资源，因此渠道上游企业对其依赖性更强了。这种依赖性越强，被依赖方获得的权力就越大。这些渠道新贵们要求渠道中的权力重新分配，然而渠道下游成员关于权力方面的要求很难被渠道上游企业所接受，因为在渠道上游企业看来，由制造企业控制产品的分销渠道是天经地义的事情，并且制造企业规模的扩大也要求其加大对渠道的控制力。于是，制造厂商和分销商之间的控制与反控制已成必然，分歧也就产生了。

从企业自身来看，冲突的产生主要是因为制造企业对自己与渠道下游成员之间的关系认识不清。制造商和分销商之间究竟是一种交易关系，还是一种合作伙伴关系？或者是一种战略同盟关系？实际上，从目前国内企业渠道冲突的表现来看，大多数制造商和分销商之间实质上是一种交易关系，是一种控制和反控制的关系。虽然也有合作关系存在，但制造商和分销商之间关系松散，利益相对独立，短期行为严重。许多制造企业还把这种关系看成一种博弈关系，因此还没有形成真正的战略伙伴关系。

资料来源 佚名. 中国企业营销渠道冲突［EB/OL］.［2013-04-22］. http：//bbs.pinggu.org/thread-2361059-1-1.html.

问题：通过对上述案例材料的学习，请各组同学谈谈渠道冲突产生的根源有哪些。

案例2

窜货的种类及预防

窜货是快消品行业最令人头疼的事情。因为窜货，原本好好的市场招致衰败；因为窜货，厂商和渠道商的矛盾加剧，甚至分道扬镳；因为窜货，很多人员或被升迁，或被贬抑。因此，探讨窜货的种类以及预防的方法，使厂商和渠道商和谐共赢，便显得很有价值和意义。

那么，什么是窜货呢?

笔者认为，所谓窜货，是指同一厂家的产品，在各方不同利益的驱使下，产生的跨区域、跨市场、跨环节的产品流向错乱的行为。

窜货，到底有哪些类型呢?

1.从纬度上分，有水平窜货和垂直窜货

水平窜货是指同一级别渠道商（包括经销商、分销商、批发商等，下同）之间的窜货行为；垂直窜货是指不同渠道层次之间的窜货行为。早年的格力空调之所以联合经销商成立公司，就是因为深受水平窜货之苦。某著名快消品企业的分销商在得到了厂家直接供货的权限后，为了获得厂家更多的“青睐”，采取将返利折进去，直接供货上游经销商下属分销商，这种“犯上”的举动就属于垂直窜货。

2.从性质上分，有良性窜货和恶性窜货

良性窜货是指为了更好地开拓市场，而向一些薄弱市场或者空白市场“窜”入产品，从而影响和带动销售的行为；恶性窜货是指渠道商为了一己之利或者报复上游厂家而故意窜货，以牟利或者扰乱市场秩序的行为。某中小快消品企业在拓展市场时，直接派人开发新市场，结果失败了，但通过周边市场经销商的定期窜货，却有该市场的客户主动找上门要求经销产品，这就是一种良性的窜货。某集团区域经销商为了最大化获得返利，大肆向不属于自己的周边市场“侵犯”，这就属于恶性窜货。

3.从区域上分，有同区域窜货和跨区域窜货

同区域窜货是指同一市场各渠道环节之间的水平或者垂直窜货行为；跨区域窜货是指超越自己的销售区域或者销售范围而实施的窜货行为。

以上是窜货的常规分类方法。此外，从动机上分，还有真、假窜货之说。真窜货是指真正实施窜货行为，并且给市场带来了危害；假窜货是指利用窜货的手段或者噱头虚造声势，借力使力，以拓展市场的行为。从危害程度上

分，还有小批量窜货和大范围窜货等。

明白了窜货的类型后，如何对窜货进行有效预防呢？

1.从源头抓起

一些快消品厂家之所以会发生严重的窜货事件，与企业产品品类单调、产品区别小、发货流向缺乏有效管理有关。因此，从源头着手，企业要做好以下几个方面的工作：

第一，提供丰富的梯队产品。只有产品品类丰富了，真正做到了“销售一代、研发一代、推广一代、储备一代”，企业才不会因为产品过于单一，而给窜货埋下祸根。

第二，在产品标识上下功夫。企业可以设立明标记和暗标记。明标记是指产品生产的时间、产品内外包装上经销商所在市场名称、名字打码；暗标记是指企业秘密留下的产品代码或者标识，甚至是巧用防伪标志等。

第三，建立详细的发货登记流程。企业库管人员在发货时，应清晰地记录发货的客户名称、产品的生产日期和数量、司机姓名和住址、车牌号等相关资料，从发货上遏制一些经销商的窜货企图。

2.建立严厉的窜货惩治办法

要想预防和有效处理窜货问题，建章立制必不可少，只有通过“法制化”的处理手段，才能真正威慑那些“敢于越雷池者”。具体方法如下：

第一，建立具有较强“警示意义”的渠道商窜货惩治制度。对窜货当事人要严管重罚：严管是指要有高压手段，并且“制度”面前一律平等，任何人不得例外；重罚是指要加大处罚力度，让窜货者痛心疾首。比如，某著名外企出台了一项规定，对于窜货者，不论窜货的数量，一旦查实，一次性罚款20万元，此举取得了较好的管控效果。

第二，建立相关市场窜货人员的“连坐”处罚制度。一个巴掌拍不响，不论哪个环节出现窜货行为，其实都与营销人员疏于管理、怠于管理、懒于管理等“不作为”有关。因此，要想根治窜货，必须让相关营销主管、业务员承担相应的连带责任，只有与他们的经济利益挂钩，他们才会重视对窜货的监管，才会对客户及市场进行有效的过程管理。

3.重新构建渠道体系

从渠道组织上避免窜货现象的发生，主要包括三个方面的内容：

第一，渠道长度。要尽量缩短渠道环节或链条，如采取直销模式，使渠道扁平化。渠道链条越短，窜货控制越方便；渠道环节越多，越容易窜货，并且还不容易查出窜货的“主谋”。

第二，渠道宽度。渠道宽度是指渠道的数量。是采取独家分销、选择分销还是密集分销，需要根据企业对市场的管控能力及市场定位来确定。如果企业的营销管理平台很完善，就可以采取选择或密集分销；反之亦然。同时，如果市场是企业的基地市场（根据地市场），并且投入了较多的人员进行管理，企业也可以采取选择或密集分销，而不会担心失去控制。如果市场是企业未来图谋的战略市场，企业也可以采取独家分销的方式，最大限度地避免窜货行为的发生。

第三，渠道广度。渠道广度是指渠道的种类。渠道的种类越多，销售的机会就越大，这是常理，但是如果渠道的种类过多，又缺乏有效管控，就有可能成为窜货的“导火索”。因此，企业是采取流通渠道，还是现代渠道、互联网渠道，抑或兼而有之，或者先选择哪一种渠道，后选择哪一种渠道，都要根据企业对渠道的掌控力来确定。

4.深度分销、协销的实施

有些窜货事件的发生，与营销人员没有“贴近”渠道商有关。由于不了解渠道商，不清楚其手中产品的流向、流速、流量，这就为窜货的发生提供了“土壤”。因此，在条件许可的情况下，企业应尽可能通过设置办事机构、分公司、营业所等方式对渠道进行精细化管理，通过深度分销、深度协销，严格销售区域划分，严格层级管理，对渠道商进行贴身顾问式销售，最大限度地减少窜货发生的机会。

窜货是众多快消品企业难以根治的顽症。企业只有明晰窜货的类型，把握窜货的处理方法，变“人治”为“法治”，才能真正规避窜货行为的蔓延和流行。

资料来源　崔自三．窜货的种类及预防［EB/OL］．［2009-09-28］．http：//www.cnbm.net.cn/article/ar212268683.html.

问题：通过对上述案例材料的学习，请各组同学谈谈如何通过渠道成员管理制度预防和规避窜货行为。

____

____

案例3

美的纠纷引爆国美进场费模式变革

进场费的问题已经在家电企业和渠道商之间明争暗斗了很多年，其间上演的恩恩怨怨仍让人记忆犹新，而这一次美的与国美之间的纠纷与之前相比却有所不同。

据了解，2009年8月，国美曾宣布取消进场费，时隔不到3个月就与美的燃起战火，这不得不让人质疑国美是否真的下决心舍弃这棵“摇钱树”。与此同时，业内对渠道商进场费改革的呼声又掀起了一轮高潮。

美的纠纷成为催化剂

进场费问题被搁置了一段时间后，又因美的和国美的纠纷再次被重提。

2009年10月27日晚，在大中电器北京大山子店，美的电器和大中电器因促销收费问题再起争执。当日，大山子店内的美的系列产品皆遭冻结，美的方面也放言——“实在不行就撤柜”。

记者了解之后得知，这是一起简单的纠纷，由于双方互不相让而迅速扩大。美的冰箱、洗衣机等产品皆遭冻结。“要想购买，必须经店长同意。”卖场内某销售人员表示。

2009年11月4日，大中电器市场部经理接受记者采访时表示：“当日双方确实产生了一点小纠纷，但是很快就稳定下来了，也没有发生任何肢体冲突。至于具体是什么原因引起的，还在调查中，我们跟美的的合作也没有问题。”

美的北京公司销售总经理张文峰也称：“事情已经过去了，就不要再说了。”

看来，双方也在竭力淡化此次事件的影响。

国美的“变相收费”

事实上，进场费一直是家电企业和渠道商之间难以解决的问题。

据了解，渠道商在各大家电企业进入卖场时，根据销售额或供货价收取企业一定的返点费用，是目前行业内的普遍做法，此项目被业内统称为“进场费”。根据企业规模、销售额的不同，返点率一般为15%~20%。

“听说国美电器一直要求美的提高返点率，但是美的还未同意，此次事件是矛盾爆发的一个体现。”某知情人士透露，“美的空调、洗衣机、冰箱、小家电等产品在卖场的销量一直占据前十名，但返点率据我所知相较其他企业是低的，这也是国美想提高返点率的原因吧。”

返点率具体是多少，将提高到多少，该人士表示：“这是商业机密，但美的肯定不愿意被牵着鼻子走。”

在此前的8月底，国美电器济南店重装开业之时，国美电器曾宣布取消进场费。“国美此次就是要在这些试点改革的门店中，取消不规范、不透明的费用。”国美电器副总裁何阳青当时的表态言犹在耳。

国美当时宣布逐步取消进场费的消息给业内带来了不小的震撼，很多厂家对此表现得很兴奋。

何阳青在接受记者采访时表示："与美的的合作很正常，合作中有点小纠纷是正常的，但跟进场费无关，国美肯定会坚持自己的既定方针来发展。"

直接采购改变进场费模式

众所周知，进场费一直是渠道商利润收入的重要来源，无论是国美还是苏宁，这一块利润都超过了主营业务。

尽管进场费可以带来丰厚的利润，但国美对取消进场费表现得很坚决。

早在2009年7月，国美便开办了培训学校，未来将逐步以国美自己的员工代替厂家促销人员，发生在厂家和卖场之间的摩擦也将逐渐消失。

"新开的店可以不通过招商，而是由卖场直接采购，按照自己的意愿布置展区，这样就没有了进场费一说，甚至不需要厂家的促销员，直接用自己的员工就可以。"家电专家刘步尘表示。

"老店可以改造成新店，就不存在进场费问题了，其实现在在老店也不存在进场费这一说法，进场费实际上是一种经营模式的问题，这种模式还处在变革的过程中。"至于具体怎么变革，何阳青表示他在外地开会，等回北京再细说。

何阳青还表示："我们最终要靠经营来盈利，而不是收取一些其他费用。我们通过统一装修、统一布置，形成区域化展台，既能方便消费者购买，又能节省空间，吸引更多品牌入驻，这样就会提高效率、增加利润，这块利润的增加不但能弥补进场费的损失，还能大大提高单店的利润。”

“渠道商的非主营收入超过了主营收入，这是有问题的，是一种短期行为。从长远看，还是要靠卖产品挣钱，未来这种做法会逐步减少，甚至没有。”中国电子商会副秘书长陆刃波表示。

资料来源　翟磊. 美的纠纷引爆国美进场费模式变革［EB/OL］.［2009-11-06］. http：//finance.sina.com.cn/chanjing/cyxw/20091106/21476935137.shtml.

问题：通过对上述案例材料的学习，请各组同学谈谈对于生产企业与渠道商矛盾的焦点——“进场费”而言，有何解决办法。

案例 4

如何化解线上线下渠道冲突

电商时代来临，传统企业要想成功“触网”，必须学会化解线上线下渠道的冲突，为企业的发展提供合力。

实施差异化，实现二者协同发展

1.品牌与价格差异化

传统品牌商的线上线下策略是产品区分、品牌区分，加强渠道监管。李宁的做法是：第一，区分线上线下的产品种类，并制定统一的价格；第二，线上产品实行专供，不同网店品类实现差异化，如有的店专卖折扣产品，有的店侧重女性产品，有的店侧重箱包。

另外，中高端品牌商重视零售价格稳定，通常反对当季新品打折销售。银泰网为了在网上销售当季新品能给顾客优惠，采取传统百货常用的“关联返券促销”，网上价格不低于商场零售价格，顾客消费后会接到客服电话，告知获得××元返券，可以在银泰网上购买任意商品。

2.产品差异化

爱慕网上商城从女性文胸延伸到品类更丰富的内衣，与线下形成了差异。家电品牌商和渠道商均热衷于电商，未来电器产品可能会出现电商版与实体店版，品牌商对通用型号产品的价格管理将更加严格。企业要对现有产品进行“包装”，使之更符合主流网购人群的需求，更易于在网上成交。

3.渠道定位差异化

国外某服装零售企业将实体店定位为体验和试穿，要求顾客网络下单，送货上门。如果要在店面购买，则需要支付更高的价格，以此鼓励网上交易。企业可以将新产品率先在网上销售，并选择一两项新产品只在网上销售，以强化线上渠道的地位，形成差异化。

整合线上线下，实现多渠道融合发展

渠道具有宣传推广、客户沟通与培育、销售成交、售后服务等功能。企业要充分运用互联网元素，实现各渠道界面之间的信息共享，使线上线下融为一体。

1.线上线下共同进行市场推广

对于客户喜欢线上线下多途径了解比较的产品，企业不能孤立地进行网上推广，还应该与其他直属营销渠道、数据库营销及传统手段相结合，共同进行市场推广。

2.线上线下共同完成销售过程

标准化实物产品可通过线上完成交易过程，但对于高价品、奢侈品和个性化定制产品，为了保证客户体验质量和产品可信度不降低，在进行线上交易的同时，还要与个性化互动渠道相配合，如电话客服、短信等，以共同完成销售过程。例如，“钻石小鸟”建立线下体验店后，销量大增；携程如果没有呼叫中心、手册、目录介入，将会丢掉很多商机；西服定制需要到实体店进行量体裁衣。

3.线上线下共同维系客户

单纯线上渠道的客户回头率较低，而电子商务盈利的基础是客户关系维护和重复销售，如何提高客户黏性成为企业的重中之重。网络的互动性、即时性、多样性，使其成为与客户相联系的成本最低、效率最高的渠道，搜索引擎、电子邮件、博客等社会化媒体工具都是提高客户黏性的重要手段。企业不仅要在前端推广和新客户开发上运用互联网工具，而且要用互联网工具来维护客户关系，以提升服务品质，实现低成本重购。另外，对于客户参与度较高的产品，单纯依靠互联网工具也难以提高重复购买率，还需要与传统渠道相配合。

资料来源　姚群峰.如何化解线上线下渠道冲突［J］.销售与市场：评论版，2012（8）.

问题：通过对上述案例材料的学习，请各组同学谈谈如何化解线上线下渠道之间的冲突。

____

____

第三步：制定忠诚渠道成员培养办法

渠道成员约束政策和渠道成员激励政策是为了规范渠道成员的行为并激发渠道成员的积极性而制定的政策。对于生产企业而言，忠诚的渠道成员是企业的一项重要资源，因此培养忠诚的渠道成员是企业管理渠道成员的最高目标。那么，怎样才能提高渠道成员的忠诚度呢？

一、对渠道成员的忠诚度进行分级

渠道成员的忠诚度可以分为四种级别：冲动型忠诚、情感型忠诚、认知型忠诚和行为型忠诚。

（一）冲动型忠诚

冲动型忠诚是基于意向的忠诚，也就是说，人们倾向于购买。冲动型忠诚者的决策过程比较简单，容易受外部因素的影响，尤其会受到与价格相关的促销活动的影响。对于冲动型忠诚者来说，竞争对手的一个更优惠的价格促销活动就可能将其吸引过去。

（二）情感型忠诚

情感型忠诚是基于偏好的忠诚，也就是说，人们是因为喜欢而去购买。情感型忠诚者的决策主要取决于其对企业或企业产品的态度。

（三）认知型忠诚

认知型忠诚是基于信息的忠诚，是理性的忠诚。认知型忠诚者在很多时候像一个产品专家，他们不仅会了解产品的功能，还会收集各种资料来了解产品的差异性和技术特性，他们甚至比销售人员更清楚产品的性能、缺陷。认知型忠诚者会综合考虑各种因素，最终产生这个产品更适合自己的认知，从而形成忠诚的购买行为，一旦市场上存在更好的产品，他们也会仔细研究和比较。

（四）行为型忠诚

行为型忠诚是基于行动的忠诚。行为型忠诚者购买产品往往需要付出一定的努力，或者克服一定的障碍。行为型忠诚者在一定程度上已经形成了购买企业产品的习惯。

认知型忠诚者和行为型忠诚者都显得更加理性，这样的理性忠诚通常可以持续更长的时间。冲动型忠诚者的忠诚程度最低，这种忠诚持续的时间较短；行为型忠诚者的忠诚程度最高，这种忠诚持续的时间最长。

结合上述材料，请各组同学对本组渠道成员的忠诚度进行划分，填写表4-4的内容。

表4-4　**渠道成员忠诚度分级**

忠诚度	成员
冲动型忠诚	
情感型忠诚	
认知型忠诚	
行为型忠诚	

二、忠诚度奖励计划

请同学们针对不同忠诚度的渠道成员制订不同的奖励计划。

（一）冲动型忠诚者的忠诚度奖励计划

____

____

（二）情感型忠诚者的忠诚度奖励计划

____

____

（三）认知型忠诚者的忠诚度奖励计划

____

____

（四）行为型忠诚者的忠诚度奖励计划

____

____

三、案例学习

经销商凭什么忠诚于你？

我们时常会听到企业抱怨经销商如何不配合工作，如何对厂家三心二意，对销售人员的态度如何恶劣等。毋庸置疑的是，说到忠诚度问题，许多企业都束手无策。无论厂家采取了多少“亲和”措施，经销商仍然我行我素地上演着背叛的“曲目”。问题究竟出在哪里呢？

其实从根本上说，经销商的忠诚度也就是经销商对厂家的满意度，满意度低，忠诚度也就低。经销商凭什么忠诚于你呢？你是否值得经销商追随？什么能影响经销商的忠诚度呢？笔者认为，要想提高经销商的忠诚度，首先不是拿着手电筒照别人，而是先拿着镜子照照自己，看自己可以做哪些事情来提升经销商的满意度。经销商的满意度提升了，忠诚度自然就提升了。要想让经销商“绝对忠诚”，必须在利益、感情和愿景上下功夫。

利益根植深度

俗话说：“无利不起早。”经销商往往只对来钱快的业务感兴趣。为了进一步说明这个问题，我们重新温习一下经销商的概念。经销商，顾名思义，是指从企业进货的商人。经销商买货不是自己用，而是转手卖出去；经销商关注的是利差，而不是实际价格。

从经销商的特征可以看出，第一，经销商是一批利用“商业信息的不对称性”从事经营活动的群体；第二，经销商的经营目标是足够大的“差价”，这意味着经销商的兴奋点在于利润率的大小；第三，经销商要应付多个厂家，所以不能期望经销商像厂家销售人员那样了解自己的产品；第四，生存压力迫使经销商关心眼前，不愿开拓新的市场和新的产品。

由此可以得出结论，让经销商“有利可图”是提高经销商忠诚度的首要条件，是驱动经销商忠诚企业的根本。当下的经销商已经越来越实际和理性，经销商与厂家的合作首先考虑的是利益。有利可图时你说什么都可以，无利可图时你好话说破天也不行，这就是经销商的共性。尤其是那些目光短浅、唯利是图、自身素质差的经销商，其把利益看得比什么都重。对于这样的经销商，如果没有利益诱导，其就不会与你合作，就算合作了也是“貌合神离”，更不要奢望其对你有什么忠诚。因此，厂家若要经销商忠诚于你，首要的任务就是给经销商栽一棵持续盈利的“摇钱树”。

那么，怎样才能让经销商有利可图呢？笔者建议厂家做好以下几个方面：第一，向经销商提供具有足够大利润空间的产品，这是关键；第二，要因地制宜地为经销商设计商业模式，这是根本；第三，要有一套切实可行的市场运营方案，这是保证；第四，运用全过程激励机制，激发经销商的积极性和创造性，使其得到更多利益，从而增强其忠诚度。

感情驱动广度

马斯洛需求层次理论认为，人的需求必须按先后顺序发展，只有满足了一层的需求，才能达到另一层需求。所以，人们总是力图满足某种需求，一旦一种需求得到满足，就会有另一种需求取而代之。

经销商虽然都以利益驱动为基础与厂家合作，但当利益不作为第一顺序的时候，精神上的寄托和依靠就会逐步强烈，需求就会发生变化。这时，经销商关心的是成就、名声、地位和晋升机会。因此，厂家在与经销商合作时，不仅要使经销商得到实质的利益，而且要让经销商得到精神上的寄托和依靠。

经销商虽然是利益主义者，但其也是有血有肉的人。因此，用感情来培养经销商的忠诚度，无疑是一种最廉价的投资。合作就是沟通感情的结果，合作的好与坏、合作时间的长与短，就在于厂家与经销商沟通的广度和深度。

厂家与经销商进行感情沟通的方法很多，问题在于怎样迎合经销商的心理和情感。笔者觉得，经销商追求个性事业的情感需要只是一种心理享受，使情感得到某种慰藉。因此，厂家与经销商的合作模式应该围绕以下几个方面展开：第一，全心全意地帮助经销商转型升级或进行股份制改造，并对经销商的员工实施知识化战略工程；第二，在日常业务中要做到多回访，经常给经销商及其家人带些小礼物；第三，多考虑经销商的利益和爱好，做到投其所好；第四，记住经销商及其家人的生日以及其他庆典活动等；第五，不遗余力地帮助经销商做好市场调研、市场开发、管理及其他业务等服务。除此之外，厂家还要经常举办经销商联谊会、优秀经销商群英会和成功经销商联盟等，在每个细节上都要让经销商感觉到“我们是一家人，是永远的朋友”。通过这些真实而长久的情感交融，经销商就会真实地感到跟着企业一起成长是一个双赢的过程。

愿景充满期待

愿景是厂家与经销商合作的过程中打出的第三张牌。对厂家而言，愿景就是一种经营文化、一种无形资产，它代表着一个企业的形象、宗旨、精神、理念、实力及生命力等。让经销商对企业的发展愿景充满信心，让经销商对自己的未来有一个好的预期，是实现双方长期合作、共同发展的不竭动力。

经销商大多是在商场上身经百战的老手，其与企业打交道除了要获取“利益”和“感情”外，还担心着自己的未来。因此，让经销商充满期待是提高经销商忠诚度的有力措施。

第一，任何时候，质量都是根基、根本，要让产品成为永不枯竭的“摇钱树”。

第二，创建一支战无不胜的团队，与经销商一路同行。

第三，建立“产品+资本”的双重关系，铸就牢不可破的伙伴关系。

第四，运用灵活的商业模式，让市场营销力“剑锋所指，所向披靡”。

第五，高增长、高收益的发展态势，成就常人所没有的梦想。

总之，如果你的经销商背叛你，请不要恨他，而要反思自己，因为你提供了值得经销商背叛你的理由。让你的经销商有盼头、有干头、有念头，那么你的经销商队伍一定具有超强的凝聚力、忠诚度，你的企业一定会成为一个伟大的企业。

资料来源　鄢和平．经销商凭什么忠诚于你？[EB/OL]．[2012-08-03]．http：//www.cmmo.cn/article-104846-1.html.

问题：通过对上述案例材料的学习，请各组同学谈谈如何培养忠诚的渠道成员。

____

____

效果评价

教师和小组成员共同对实训效果进行评价。个人最终成绩由两部分组成：一部分是个人表现情况，首先在小组内部评出每位成员的个人成绩，然后由教师进行评分，最后求平均分，见表4-5；另一部分是小组表现情况，由教师进行综合评分，见表4-6。个人最终成绩的公式如下：

$$\text{个人最终成绩}=80\%\times\text{个人表现情况的成绩}+20\%\times\text{小组表现情况的成绩}$$

表4-5　　小组成员个人表现情况评分表

姓名：

评分标准	分值	小组评分	教师评分	平均分
专业知识储备	20分			
知识运用能力	20分			
语言表达能力	20分			
整体职业素养	20分			
团队合作意识	20分			
备注				

表4-6　　　　　**小组表现情况评分表**

小组成员：

评分标准	分值	教师评分
每个环节内容填写的认真程度	50分	
案例分析讨论情况	20分	
小组整体课堂表现	30分	
备注		

实训项目五
渠道评估与渠道创新

实训任务

各小组同学在完成了布局渠道结构、选择渠道成员的渠道开发任务，并且完成了渠道终端的开发与管理、渠道人员的组织与管理的渠道运营与管理任务后，接下来就要对已经建设好的渠道进行评估与调整，以提高渠道的效率及质量。本实训项目的任务是各小组同学对本组的渠道模式建立评估体系并进行评估，然后根据评估结果对渠道做出调整。

实训目标

1. 掌握各类评估指标的含义及意义。
2. 学会根据各类渠道模式的特殊性建立个性化的指标体系。
3. 了解各类渠道模式的发展动态。

◎ 实训要求

1.分组实训。按照实训项目一的分组继续练习，保持原各组成员所负责的渠道模式不变，对已经建设起来的渠道进行评估与调整。

2.实地考察。请各小组同学对本组相关产品的终端进行实地拜访，对终端的渠道运行情况和服务质量进行评估。

3.收集资料。请各小组同学对本组负责的渠道模式进行资料查找，阅读相关前沿信息。

◎ 实训操作

企业建立营销渠道的目的在于充分发挥渠道功能，将合适的产品在合适的地点以合适的价格快速提供给消费者。企业建立渠道并使渠道进入运行状态只是渠道工作的一部分，为了实现渠道目标，渠道经理还要对渠道进行评估，而不同类型的渠道模式承载的渠道任务不同，所以评估标准也要“因地制宜”，对不同类型的渠道模式建立不同的评估体系。请同学们按照评估标准，对一些终端进行实地考察，获取一手资料后进行评估，并结合评估结果提出合理化建议。各组同学按照图5-1的操作步骤进行实训。

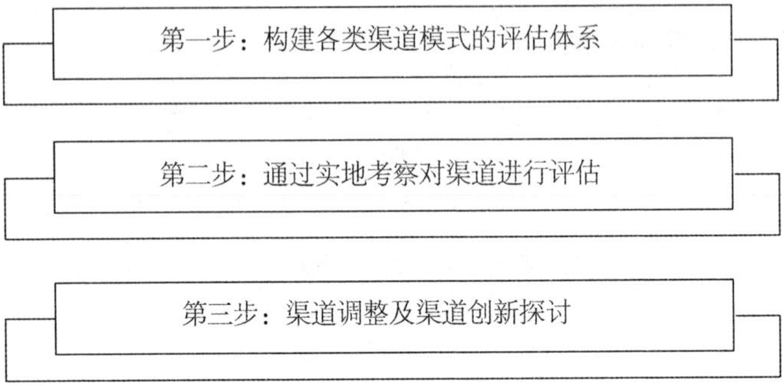

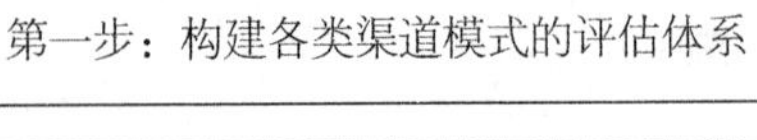

第二步：通过实地考察对渠道进行评估

第三步：渠道调整及渠道创新探讨

图 5-1　渠道评估与渠道创新操作步骤

第一步：构建各类渠道模式的评估体系

一、渠道评估的内容

根据渠道的基本功能，渠道评估的内容可以分为三个方面：一是渠道运行质量评估；二是渠道服务质量评估；三是渠道盈利能力评估。前两个方面是从渠道投入的角度进行评估的，第三个方面是从渠道产出的角度进行评估的。

（一）渠道运行质量评估

1.渠道畅通性评估

渠道畅通性是指渠道成员承担各自的渠道功能并且相互协调配合，使消费者所需要的商品和服务从生产企业一方顺利流转到消费者一方的程度。可见，渠道成员是实现渠道功能的主要载体，渠道的功能能否实现，就在于渠道成员能否有效履行自身的职责。渠道畅通性评估指标见表 5-1。

表5-1　**渠道畅通性评估指标**

评估指标	指标解释
渠道成员的任务是否清晰	渠道管理制度中对各类渠道成员责任与义务的规定是否清晰
渠道成员是否能够坚决执行企业的相关规定	企业产品价格规定、销售人群地区规定、产品促销规定、信息反馈规定等的执行情况
渠道成员的管理是否实现智能化	是否有智能化的系统对渠道成员的工作流程、工作状态进行管理，以便于渠道成员之间工作的有效衔接
渠道成员之间的关系是否和谐	渠道成员与生产企业之间、各级渠道成员之间是否可持续，是否有共同的利益纽带，是否积极配合，是否有战略合作意识

2.渠道覆盖面评估

渠道覆盖面是指某个品牌的商品通过渠道成员构成的销售网络能够达到的最大销售区域。渠道覆盖面主要通过市场覆盖率这一指标进行评估。渠道覆盖面评估指标见表5-2。

3.渠道流通能力评估

渠道流通能力是指在单位时间内经由该渠道从生产企业到销售终端的平均商品数量，即在渠道上流通的商品数量与时间的比值。渠道流通能力评估指标见表5-3。

表5-2 **渠道覆盖面评估指标**

评估指标	计算公式	指标解释
市场覆盖率（%）	产品渠道产生的覆盖面积÷市场范围的平面面积×100%	市场覆盖率可以分别以面积和人口进行测度。需要说明的是，在渠道市场覆盖率较高的情况下，还要考虑渠道成员的数量和渠道成员的地理分布是否合理
	产品渠道范围内实际购买的顾客数量÷产品渠道范围内所有目标顾客的数量×100%	

表5-3 **渠道流通能力评估指标**

评估指标	指标解释
单位时间内的商品流通数量	• 根据时间单位的不同，渠道流通能力可以用天、周、月、季度来表示 • 不同渠道模式的流通能力是不同的，可以分别计算不同类型渠道的流通能力 • 对渠道流通能力的评估还可以采用平均发货批量、平均发货间隔期、日均零售数量、平均商品流通时间等指标 • 平均发货批量=一年中发货量的总和÷一年中的发货次数 • 平均发货间隔期=365天÷年均发货次数 • 日均零售数量=年累计发货数量÷365天 • 平均商品流通时间，即产品从生产线上下来到最终到达消费者手中所经历的时间

（二）渠道服务质量评估

1.渠道管理制度评估

完善的渠道管理制度是提高渠道服务质量的有力保障。渠道管理制度主要包括渠道流程管理制度和渠道成员管理制度。渠道管理制度评估指标见表5-4。

表5-4　**渠道管理制度评估指标**

评估指标	指标解释
渠道流程管理制度	渠道流程管理制度涉及实体流程管理制度、所有权流程管理制度、信息流程管理制度、货款流程管理制度、促销流程管理制度五个方面。首先要评估制度是否健全；其次要评估制度是否合理；再次要评估渠道成员对制度的接受程度；最后要评估制度是否符合现代化的管理理念和管理方式
渠道成员管理制度	渠道成员管理制度涉及经销商管理制度、批发商管理制度、零售商管理制度三个方面。首先要评估制度是否健全；其次要评估制度是否合理；再次要评估渠道成员对制度的接受程度；最后要评估制度是否符合现代化的管理理念和管理方式

2.顾客满意度评估

顾客满意度评估是渠道服务质量评估的重要内容。各组同学在对终端进行顾客满意度评估时，可以采用问卷调查的方式获得资料，在设计问卷时要考虑到表5-5的内容。

表5-5 **顾客满意度评估指标**

评估指标	评估结果
产品品质是否令顾客满意	
产品是否及时送达	
产品导购服务是否令顾客满意	
产品价格制度是否合理	
产品促销活动是否令顾客满意	
产品售后服务是否令顾客满意	
产品购买是否方便、快捷	
产品购买环境是否令顾客满意	
产品信息反馈通道是否畅通	

（三）渠道盈利能力评估

盈利是生产企业和渠道成员最重要的目标，渠道的盈利能力越强，渠道的生命力也就越强。渠道盈利能力评估指标见表5-6。

二、构建渠道模式评估体系

不同类型的渠道模式发挥的作用是不同的，如自营门店在更多时候应起到示范作用，应成为品牌体验店。因此，对不同类型的渠道模式进行评估时也应该有所侧重。请各组同学认真分析本组所负责渠道模式的特殊性，并结合上述渠道评估指标建立评估体系，填写表5-7。

表5-6　　　　　**渠道盈利能力评估指标**

评估指标	计算公式	指标解释
销售利润率	利润总额÷营业收入×100%	销售利润率能够衡量企业销售收入的收益水平
费用利润率	利润总额÷费用总额×100%	费用利润率能够衡量渠道在运行中每花费100元可以创造多少利润
资产收益率	净利润÷平均资产总额×100%	资产收益率能够衡量每单位资产可以创造多少净利润
资金周转率	主营业务收入÷资产平均占用额×100%	资金周转率能够衡量全部投资的利用率。资金周转率越高，说明资金利用效果越好
速动比率	（流动资产－存货）÷流动负债×100%	速动比率、流动比率、净资产负债率都属于偿债能力指标，能够衡量渠道成员偿还债务的能力
流动比率	流动资产÷流动负债×100%	
净资产负债率	负债总额÷净资产总额×100%	

表5-7　　　　××渠道模式评估体系

渠道模式	
渠道主要职能分析	
渠道重点评估内容	
建立渠道评估体系	

第二步：通过实地考察对渠道进行评估

一、评估过程

请各组同学根据已经建立起来的评估体系，对本组所负责的渠道模式进行评估。对于资料的收集工作，同学们可以通过实地走访、问卷调查、上网查询等方式完成。请同学们为整个评估过程设计一个活动方案，格式见表5-8。

表5-8　　　　　　**渠道评估活动方案**

活动任务：	活动时间：	参与活动同学：
完成任务的方法：		
任务完成情况：		

二、评估结果

请各组同学利用收集到的资料对本组所负责的渠道模式进行评估，并填写表5-9。

表5-9　　　　　　**渠道评估结果**

渠道模式：	负责同学：	时间：
评估指标	资料来源	评估结果
评估结果分析（评估结论）：		

第三步：渠道调整及渠道创新探讨

一、依据评估结果对渠道进行调整

请各组同学根据评估结果，对本组所负责的渠道模式做出调整，对于不合理的评估指标也可以提出建议，从而使渠道的运行更加通畅、服务质量更高、收益更加丰厚。各组同学参照表5-10，完成渠道调整任务。

表5-10　　　　**××渠道模式调整情况**

<table>
<tr><td colspan="2">渠道模式：</td><td>负责同学：</td></tr>
<tr><td>调整原因</td><td colspan="2"></td></tr>
<tr><td rowspan="4">调整内容</td><td colspan="2">渠道模式调整：</td></tr>
<tr><td colspan="2">渠道成员调整：</td></tr>
<tr><td colspan="2">渠道成员关系调整：</td></tr>
<tr><td colspan="2">其他方面：</td></tr>
<tr><td>预期效果</td><td colspan="2"></td></tr>
</table>

二、渠道创新探讨

经过前期的实训，同学们已经对渠道的开发、运行、管理有了较为深刻的认识，对实际操作步骤也有了具体的了解，接下来就需要同学们对渠道的相关内容进行更新，探讨渠道未来的路在哪里。只有看清楚这些，才能更好地开发、运行、管理渠道。同学们需要查阅相关资料，对本组所负责渠道模式的发展现状、发展趋势进行总结。

（一）渠道模式前沿

1.渠道模式的发展现状

____

____

2.渠道模式的发展趋势

____

____

（二）案例学习

案例1

久加久：从直营到加盟

2005年前后，白酒经销环节开始出现连锁门店经营这种形式。

当时，随着自建终端成为一种模式，越来越多的企业和经销商开始尝试这条道路，俨然把成规模的连锁店当成了一块肥肉。

直营+加盟式连锁

2006年，华致酒行和1919相继在湖南、四川成立。在东部沿海，已经成长为“大经销商”的浙江商源集团有限公司（以下简称商源）也在酝酿着向连锁业进军。

“商源深知品牌文化与供应链打造的重要性，尤其是在瞬息万变的市场形势下，品牌价值与体系的建设是提升企业竞争力的最佳选择，而根植于终端市场的久加久连锁品牌正是在这种大背景下应运而生的。”商源集团有限公司总裁朱跃明表示。2006年10月，久加久的第一家门店——杭州朝晖店正式开业。

成立之初，久加久只做直营。从2012年开始，久加久终于放开了加盟的门槛，允许更多的资金和力量加入久加久连锁专卖之中。

“之前严格控制加盟的一个重要考量是，如果放开了加盟，我们对加盟商的管控是否跟得上，我们的流程体系、制度管理能不能得到保障，能否让消费者体验到加盟店和直营店是一样的。如果消费者感到服务不一样，对我们来说，这就是失败的。”在徐志荣看来，久加久对加盟的条件和要求可以说是苛刻至极，但也是很有必要的。

如今，经过了6年多的准备时间，久加久已经从之前的只做直营转变为允许合作伙伴加盟的模式。“现在做加盟，也体现了商源由销售型向服务型转变的思路。”

开发连锁店自有品牌

相比其他直供渠道，久加久的一个显著优势就是拥有不少自有品牌，如楼兰葡萄酒、老台门黄酒，以及一些进口酒品牌。自有品牌在商源全国化的征程中，正扮演着越来越重要的角色。

“目前，由于受到厂家管理体制的限制，我们代理的产品都有区域的限制，很难走向全国，我们的自有品牌产品却为商源走向全国打下了坚实的基础。”浙江商源集团副总裁钱雷认为，“自有渠道+自有品牌的模式可以让专卖连锁突破区域的限制。”

线上线下整合

久加久的所有门店，不仅仅是选购酒水的场所，更是一个消费者体验的场所。久加久线下连锁店自成立起，就经常开展线下品鉴会等活动，并带领消费者到厂家追根溯源，让消费者更深入地了解从粮食到酒、从运输到全网呈现乃至最终到消费者手中的过程。

围绕这个思路，久加久做了多种尝试：除了常规的进店体验之外，还推出了线下品鉴换购卡活动，凡是线上久加久的会员，均可获得一张久加久配件卡，顾客凭此卡可以到任一家线下连锁店领取礼品酒水一份；同时，还与天猫联合推出了“本地生活团”活动，顾客在线上购买“提货券”后，可直接到线下连锁店提货。

此类活动不但为线下连锁店带来了额外的客流量，在一定程度上缓解了线上与线下的冲突，更重要的是可以让顾客亲身体验到久加久的“存在”，从根本上解决了顾客信任度的问题。

当然，久加久线上与线下商品的属性仍有所区分。线下的核心商品，在线上享受保护策略，价格相同；线上的核心商品，在线下也是同步展示价格。

资料来源　李伟．久加久：从直营到加盟［EB/OL］．［2014-10-23］．http：//www.szdz.com.cn/jlxy/show-4603.html．

问题：通过对上述案例材料的学习，请各组同学谈谈久加久有哪些可借鉴的成功经验。

案例2

重庆小面，如何避免加盟者搅局？

重庆小面之所以能够快速发展到全国，和黄焖鸡米饭、土掉渣烧饼很相似，就是外部市场空间需求大、行业进入门槛低、技术容易复制。

低成本复制的优势，在做出规模之后，对整个行业的发展都是威胁。

甚至在有些地方，老板都不知道重庆小面是什么味道，只需要挂个招牌，生意就能火得一塌糊涂。

当年土掉渣烧饼速生速死，主要原因就是创始企业无法树立起“行业壁垒”，而自身又太弱小，面对众多搅局者，无力约束；再加上商标、管理、人才等种种短板，造成搅局者快速介入，另立山头，疯狂加盟。

最后，土掉渣烧饼被搅局者围殴而死，整个行业也瞬间被市场淘汰。

重庆小面的乱局与土掉渣烧饼极其相似。

乐观的是，重庆人对重庆小面的热爱不亚于火锅。放眼全国市场，重庆小面如果不跟上市场的脚步，就很有可能被搅局者驱逐。

全国化的重庆小面已经不是“重庆的”小面了

从东北到山东，从华北到江浙，重庆小面遍地开花。可惜，重庆小面的旗手们还在纠结口味是否要统一，这个观点很邪性。

重庆小面在重庆都无法统一口味，何来在全国市场统一口味？况且，重庆小面在重庆的混乱是个性和特色，在全国市场的混乱则是满足不了市场需求造成的。

旗手企业不作为，就会给其他企业留下机会

培训机构鱼龙混杂，新加盟者已经超越地域限制。加盟者的首要目的就是赚钱，至于口味和食材，也就因地制宜了。随着这些新生力量的规模不断扩大，重庆小面的“传统”也正在被改变。

行业没有领袖，发展就会缺少方向。没有方向，所有参与其中的人都会被利益所左右，成为搅局者。那么，如何避免加盟者变成搅局者呢？

当然不能跟这些人讲做面的“良心”，重庆小面迫切需要做的，就是带上品牌，带上人，杀过去。和搅局者抢时间，抢先做到“技术标准化、经营现代化、品牌时尚化”，以提升行业门槛，确立行业新秩序。

改变“三乱”，得靠“带头大哥”

重庆小面的领袖企业普遍认为，重庆小面有三乱：一是培训机构乱；二是教学标准乱；三是口味乱。其实，这些都是领袖企业和行业协会所不能约束的。以区域管理能力约束全国市场，这是不着调的表现。有些旗手企业竟然还在倡导要用“良心品质”的理念整顿重庆小面的乱局。

不客气地说，这个观点缺少全局视野——对于没有重庆情怀而只有商业利益的人来说，跟其谈品牌、谈良心，纯粹是扯淡，这些人在乎的只是赚钱、赚钱。从沙县小吃的经验来看，解决重庆小面的乱象，不能就事论事，相对比较容易展开的方法就是标准化重庆小面的形象——统一门头，统一LOGO，以此确立正宗。

目前的重庆小面还是典型的街边摊，十几平方米的小店，几张桌子，几张凳子，主打几个口味，就开张了。店面卫生环境差，门头大多是“重庆小面”四个字，品牌形象更是无从谈起。

另一个重要策略是加大推广领袖企业

重庆小面的混乱，从本质上说是不断增长的消费需求和落后的市场供应造成的。重庆小面的领袖企业并没有跟上消费者的需求，所以消费者不知道纯正的口味是什么，领袖企业的店面在哪里。

面对庞大的市场需求，领袖企业首先要做的就是跟上市场的步伐，满足消费者的需求。资料显示，重庆比较有名的胡和记重庆小面，用了10年的时间，已经发展了1 098家加盟店。

用品牌制造壁垒，现在是一个很好的节点。

著名主持人孟非创建了“孟非的小面”，如今“孟非的小面”已经成为重庆小面的一个品牌，其他领袖企业需要做的就是跟上这个步伐。这样，依托领袖品牌，完成“技术标准化、经营现代化、品牌时尚化”，重庆小面就可以大大提高行业门槛。

这也是重庆小面比黄焖鸡米饭乐观的重要原因。黄焖鸡米饭只有品类，没有品牌，更没有强有力的品牌企业，而重庆小面已经走在品牌化的道路上了。

资料来源　李靖. 重庆小面，如何避免加盟者搅局？[J]. 销售与市场：渠道版，2015（7）.

问题：通过对上述案例材料的学习，请各组同学谈谈重庆小面的运营经验对管理加盟模式有何启示。

案例3

还剩下这几个方向供经销商转型

前有狼，后有虎，受厂家直营和大型商超迅猛发展的双重夹击，更受如火如荼的电子商务的重创，在各大中城市，许多传统经销商的营业额和利润下滑已成为必然，传统经销商的战略转型迫在眉睫。

专属配送团队

经销商的当地仓储配送和融资（资金垫付）功能，绝大多数厂家无法越俎代庖，这是专业的渠道配送商特有的优势，也是这类经销商生存发展的根本。

在电子商务飞速发展的今天，配送俨然成为企业与用户见面的唯一通道，基本的物流已远远不能满足厂家对配送的要求。随着用户体验需求的持续攀升，大部分企业迫切希望建立自身专属、能代表企业形象的物流队伍。

抓准这个契机，转型为企业的专属配送商，具有管理简单、生意稳定（坐享其成）等优点。对于一些有充足的资金但经营能力有限的经销商而言，这应该是一个不错的选择（最好能争取与上游品牌厂家合资经营，从而最大限度降低企业风险）。

但是，专业配送商的别名是"高级搬运工"，企业的规模和利润都比较有限，经销商们赚的是辛苦钱、血汗钱，对于一些积极进取、综合经营管理能力强的老板而言，此类战略转型过于简单。

稳固在特殊领域的地位

传统经销商的客户一般是当地各类零售店，但现实情况是这类客户要么由厂方直营，要么受电商的冲击，生意日渐萧条。那么，有没有特别的销售渠道（即只服务于特定的客户，有足够的销量，而厂家的销售力量又难以顾及的渠道）呢？

在快速消费品行业，校园经销商、餐饮渠道经销商、娱乐场所经销商、交通渠道经销商、福利团购经销商等特殊专业渠道的经销商就拥有不可替代的地位。

在以组织为销售对象的行业中，如软件、办公用品等，有政府、教育、金融、电信等特殊背景的经销商就颇受厂家的欢迎。

专业渠道经销商的优点很明显：与专业客户关系密切，厂家难以过河拆桥；有稳定的销量。缺点也很明显：如果没有一定的社会关系，很难进入这些专业渠道；为了维护客情，一般需要昂贵的交际费用；经销商的产品价格透明度要低、毛利要高，否则企业的利润难有保障。

在当地拥有良好的社会关系是一种难以模仿的核心资源，普通厂家的销售人员很难建立。如果传统经销商有一定的社会背景并注意维护，专注成为特定的专业渠道销售商，就一定能够成为特定产品厂家追逐的对象。

转型售后服务

在家电、数码通信产品等领域，随着京东等网络销售平台的迅猛发展，以及苏宁、国美等大零售终端的成熟，许多经销商已经消亡，坚持下来的经销商也因产品批零差价的缩小，日子一年不如一年。

其实，家电、数码通信产品与快速消费品不同，在销售价值链中，这类产品的售后服务不仅占有极其重要的地位，而且能够给相关企业带来巨额利润。只要产品过了保修期（以及保修期内的意外损坏），什么零件价格、人工费用都由服务商说了算，其中的利润空间可想而知。

虽然一些一线品牌如联想、海尔等已在各大城市自建售后服务体系，但是更多的品牌在综合考虑管理因素和成本因素后，将售后服务委托给了当地的经销商或第三方。三星、飞利浦等品牌在一线城市的售后服务都已外包出去，一些二线品牌的售后服务，或者在二、三线城市的售后服务更不必说。

21世纪是家电的年代、数码的年代、移动的年代，售后服务的市场价值不小。在此领域的传统经销商如果能够成功转型为家电、数码等产品的售后服务商，虽然赚不了大钱，但过过小日子是不成问题的。

传统经销商转型为专业售后服务商的优势在于：与上游厂家关系良好，在相同的条件下，容易得到厂家的授权；有专业的顾客服务意识，与技术出身的售后维修人员相比，更能够站在顾客的角度考虑问题，并尽可能地满足顾客的需求，从而维护了厂家的品牌形象。缺点在于：售后服务的专业技术力量不够，需要组建全新的售后服务、维修队伍；受制于厂家等。

自建品牌

创建自有品牌，成为品牌运营商，争夺最有利润的产业价值链环节，这是最积极进取的战略转型！娃哈哈、养生堂、金六福、神州数码等著名品牌企业都是从经销商战略转型而来的。义乌批发市场的老板们为了突破企业发展的瓶颈，最近几年，纷纷推出自有品牌（甚至收购品牌，如原驰名商标“霞飞”就已落入义乌经销商之手），利用原有的渠道进行销售，部分企业的发展势头非常良好。

许多经销商一旦完成了原始资本的积累，往往会有运作品牌的冲动。实际上，经销商运作品牌的确存在许多优势，如熟悉行业经营特性、容易了解顾客需求、行业人脉资源丰富、部分销售网络共用等。如果经销商决心自建品牌，就应迅速行动。“抢先”是营销第一法则，行动越晚，有价值的细分市场就越少，企业运作品牌成功的概率也就越低。当然，从流通业到品牌运营，企业的管理更加复杂，对创业者综合素质的要求也更高；不过，经销商可以借助专业的咨询/策划公司，弥补自己经验的不足。

启示

如果经销商的综合经营管理能力相对有限，目标也有限，且比较务实，那么专业化（如专业配送商、专业特殊渠道商、专业服务商）是不错的战略选择。

如果经销商的综合经营管理能力比较强且目标远大、积极进取，那么创建品牌是比较不错的选择，毕竟当今中国经济正处于历史上少见的快速发展时期，在许多细分市场中尚有许多商机。

与其如“温水里的青蛙”在等待中消亡，不如主动寻找新的“奶酪”。经销商只要发挥好自己的优势，找准方向，果断地进行战略转型，就一定会取得成功。

资料来源　罗建幸. 还剩下这几个方向供经销商转型［J］. 销售与市场：渠道版，2015（4）.

问题：通过对上述案例材料的学习，请各组同学谈谈经销商的转型之路有哪些。

____

____

案例4

第三代电视购物的探索

“在美国、韩国以及中国台湾地区，电视购物的销售额占其社会消费品零售总额的8%，而在中国大陆，这一数字仅为0.3%。”这是电视购物行业经常提及的一组数字，从中我们看到了差距，也看到了未来巨大的利润增长空间。在互联网生态下，如何找准自己的“调性”，克服长期养成的“顽疾”，对于电视购物来说，既是挑战，又是机遇。

对于第二代电视购物面临的种种问题，整个电视购物行业已经有了清晰的认识，其中一些领先品牌已经在尝试突围，如通过突破原有品类及扶持中小企业创新来解决产品同质化的问题。当然，除了这些，最引人关注的是电视购物的去平台化以及与影视的融合，这也被视为第三代电视购物的主要标志之一。

移动与电商的融合

传统电视的衰落不可避免，实现由电视到PC、手机、平板的跨屏融合已成为拯救电视购物渠道萎缩态势的主要方法。

跨界已经成为当下商业社会的主流形态，恒大开始卖水，乐视做起了电视……渠道与渠道之间、行业与行业之间的边界正在消失。屏幕之间的跨界也正在如火如荼地进行，如智能电视、网络机顶盒的出现，正在将电视与手机、电脑相互打通，屏幕之间的边界正在消失，互联互通的世界已经来临。

随着屏幕之间边界的消失，去平台化的趋势也日益加强，并且已经明显地体现在电视节目中。例如，热播音乐评论节目《中国好声音》，它在浙江卫视播出观众会追，在其他卫视播出观众同样会追，在各个视频网站也有大量的观众点击，受众关心的不是它播出的平台，而是内容本身。在广告分成上，电视节目去平台化也有非常鲜明的体现，以往获利最大的电视台的地位受到了冲击，在《中国好声音》的广告分成中，浙江卫视只得到了20%。

这是一个内容为王的时代，要想满足受众多元化、个性化的需求，必须实现最大限度的覆盖，即占领所有的屏幕，实现跨屏融合。对电视购物的要求同样如此，只有电视购物频道单一销售渠道的时代早已结束，网上商城、商品目录、手机客户端早已崛起，打动消费者的并不是这些渠道，而是通过这些渠道所传递的节目本身、商品本身。电视购物企业也已经意识到了这一点。例如，2014年，家有购物与刘嘉玲开展的一系列深度合作，正是以商品策划和事件策划的内容取胜的，并且成为电视购物行业中内容为王的典型案例；2013年，快乐购正式宣布全面转型为电子商务企业，全面打通电视、互联网、手机等渠道，建立社交媒体产业链，打造

“大平台、大数据、大移动、大社交”。

电视购物的跨屏融合是大势所趋，在互联网生态下能否将有线电视、高清互动、云媒体、手机等渠道的零售资源有效整合，将决定新一代电视购物企业的命运及成败。从目前的尝试来看，效果并不理想。例如，有些电视购物企业直接将节目搬到网上，冗长的、叫卖式的节目形式违背了网民的收视习惯和认知，显然不会带来任何销售。电视购物企业虽然具有内容制作优势，但如何将这种优势实现跨屏转换，也将是一大考验。

此外，除了内容制作，从电视到网络的跨界，还需要经营思维的改变、多元化商品开发能力的提升以及整个物流和IT系统的升级，这些都是未来必须面对的挑战。

从耐用品到快消品

针对产品重复购买率低的问题，一些电视购物企业已经着手进行品类突破，如家有购物。家有购物是业内第一家进行品类聚焦的企业，“家居用品，天天特价”的定位曾经给其带来了可观的利润，家有购物一度成为行业内争相模仿的对象，但是随着需求进入饱和期，原有的品类很难再带动销量的大幅增长。为此，家有购物重新梳理了原先的商品结构，降低了厨具、寝具等耐用品的比重，逐步增大服装、装饰品、化妆品的比例，其中服装品类的占比将从目前的20%增长到50%。

不光家有购物，从耐用品到快消品的转型已经成为整个行业的转型方向，但问题也随之而来。快消品大多是非标准化的，以服装为例，需要大量的款式、尺码和颜色来满足消费者的选择需求，这就意味着要增加大量的SKU（库存量单位），但电视购物的播出时间有限，一天24小时滚动不间断播出，所能陈列展示的SKU数量最多也就几十个。庞大的SKU与有限的展示平台之间的矛盾，将是电视购物企业迫切要解决的问题。另外，SKU的增多，对电视购物企业的商品开发能力、节目制作能力、售后服务以及供应链管理等方面都将是一个很大的挑战。

跨界影视

随着影视文化营销潜能的日益凸显，第三代电视购物与影视的融合也成为电视购物企业创新的主要方向。

与影视的融合主要表现在两个方面：一是与影视明星合作，凭借明星效应吸引粉丝围观，增强电视购物的信任度；二是商品植入，利用热播剧的集客功能带动销售，探索盈利的新模式。

第一种模式在美国、韩国等国家以及中国台湾地区已经非常盛行。在国内，由于电视购物的信任危机仍没有完全散去，因此对于众明星而言，电视购物仍然是一个禁区，但值得注意的是，这种状况正在慢慢改变。2014年7月25日，家有购物上线了刘嘉玲定制款劳力士限量腕表，在节目直播后的30分钟内一售而空。同年11月6日，刘嘉玲首个自创护肤品牌“嘉玲”面世，当晚，家有购物作为国内电视购物行业唯一获权的销售渠道，直播销售了“嘉玲”品牌的首个产品——海洋系列面膜。

第二种合作模式也正在酝酿和探索之中。虽然影视剧的营销功能正日益受到重视，但其盈利模式过于单一（通过商品植入收取广告费，或者开发一些影视剧的衍生品)，商业价值远远没有实现最大化。比如，我们都看过《离婚律师》，里面有很多的商品植入，随着电视剧的热播，这些商品也变得非常抢手，如湿厕纸在淘宝、天猫上平均每天的搜索量翻了10倍，大大带动了同款商品的销售，而这些店铺与制片方没有一点关系，白白借了势，剧组以及投资方再眼红也没有办法。

传统的影视剧植入模式只能进行商品的展示，没有办法承载商品的销售，因此借助热播剧火起来的商品的后期销售环节剧组无法掌控，而与电视购物的融合正好可以弥补这块短板。电视购物既是媒体，又是销售渠道，影视剧在电视购物平台的播出可以直接带来销量；同时，随着跨屏融合的实现，电视购物打造的明星爆款还可以在PC和手机端进行全渠道销售。这样一来，影视剧的收入就不再限于品牌植入，剧组还可以直接参与植入商品的销售分成。这无论是对剧组，还是对电视购物企业而言，都是一种很好的共赢模式。当然，如何让商品演好剧中的角色，以及相关各方的责任如何约定、利益如何分配，都有待电视购物企业去探索。

扶持中小企业创新

中小企业的创新欲望是最强的，创新可以让它们避开与大品牌的正面竞争。与中小企业结盟，扶持中小品牌成长，可以有效解决电视购物产品同质化的问题。从中小企业的角度来说，电视购物也是目前最适合其进行新品发布和试销的平台。

电视购物“媒体+货架”的平台属性，使得它同时具备新品市场教育和产品销售双重营销功能。相比传统渠道的滞后性，电视购物的市场反馈更加快速，只需要一档节目，最多一周时间，就可验证出新品市场潜力的大小。同时，受播出时间的制约，电视购物只能精挑细选，聚焦少量的单品（如果说电商是“散射”，那么电视购物就是“狙击”），这有利于中小企业集中有限的资源打造明星爆款，进行单品突破。最关键的是，相比传统渠道的铺货和其他形式的品牌推广，电视购物的费用要低得多。

扶持中小企业的发展，是电视购物与生俱来的功能和属性。在美国、韩国，其电视购物的发展也已经证明两者具有很强的互补性。近些年来，国内电视购物平台上也成长起来一批品牌，如韩束、贝尔莱德、捷赛等。大批中小企业的加入，有效缓解了供应商资源稀缺的问题，但创新产品知识产权保护意识的缺失，也阻碍了中小企业创新的动力和积极性。如何保护创新产品，如何重新定位与供应商的关系，如何扶持中小企业的发展，都将考验电视购物企业的供应链管理能力。

值得庆幸的是，智能电视正在让年轻人回归客厅，对于行业瓶颈以及相应的融合与创新，电视购物的先行者们正在进行思考和探索。电视购物链条上的各方参与者也正在以最开放、积极的心态，迎接第三代电视购物模式带来的共赢与跨越性发展。

资料来源　寇尚伟，王文正.第三代电视购物的探索［J］. 销售与市场：管理版，2015（1）.

问题：通过对上述案例材料的学习，请各组同学谈谈第三代电视购物的发展优势有哪些。

____

____

效果评价

教师和小组成员共同对实训效果进行评价。个人最终成绩由两部分组成：一部分是个人表现情况，首先在小组内部评出每位成员的个人成绩，然后由教师进行评分，最后求平均分，见表5-11；另一部分是小组表现情况，由教师进行综合评分，见表5-12。个人最终成绩的公式如下：

个人最终成绩 = 80%× 个人表现情况的成绩 + 20%× 小组表现情况的成绩

表5-11　**小组成员个人表现情况评分表**

姓名：

评分标准	分值	小组评分	教师评分	平均分
专业知识储备	20分			
知识运用能力	20分			
语言表达能力	20分			
整体职业素养	20分			
团队合作意识	20分			
备注				

表5-12 **小组表现情况评分表**

小组成员：

评分标准	分值	教师评分
每个环节内容填写的认真程度	50分	
案例分析讨论情况	20分	
小组整体课堂表现	30分	
备注		

主要参考文献

[1] 科特勒，阿姆斯特朗. 市场营销［M］. 楼尊，译.16版.北京：中国人民大学出版社，2015.

[2] 肖建玲. 渠道开发与管理［M］. 北京：中国人民大学出版社，2013.

[3] 易淼清. 销售渠道与终端管理［M］. 北京：北京交通大学出版社，2010.

[4] 马雪文. 营销渠道开发与管理［M］. 北京：中国经济出版社，2013.

[5] 尚阳. 营销渠道设计、管理与创新［M］. 北京：中国物资出版社，2011.

[6] 佘伯明，陆弘彦. 分销渠道实训［M］. 大连：东北财经大学出版社，2011.

[7] 周庆. 营销渠道模式的设计与选择［M］. 武汉：华中科技大学出版社，2015.

[8] 罗宾斯，库尔特. 管理学［M］. 李原，等，译. 11版. 北京：中国人民大学出版社，2012.

［9］郭汉尧. 渠道客户开发与管理实战手册［M］. 北京：中国铁道出版社，2011.

［10］王水清. 营销渠道开发与管理［M］. 北京：北京大学出版社，2012.